Het herexamen v

Organisaties op zoek n

Het herexamen van een managementgeneratie

Organisaties op zoek naar een nieuw evenwicht

Standaard Uitgeverij

Voor mijn vrouw Hilde en kinderen Daan, Bram en Niel.
Bedankt voor het geduld, het begrip en de ondersteuning.

Illustraties: Jan De Graeve

Belgiëlei 147 A – 2018 Antwerpen
tel (03) 285 72 00 – fax (03) 230 12 25

Wettelijk depot: 1999/0034/216
ISBN 90 341 9563 5

Inhoudstafel

1 Voorwoord 3

2 Op zoek naar een nieuw evenwicht

2.1 Het informatietijdperk 7
De tweede vloedgolf 7
Informatie als immateriële grondstof 8
2.2 Veranderingen, zure regen voor bedrijfsculturen 10
Een bedrijf is een cultuur 10
Managers onder druk 11
Management Malpractice 13

3 Blauwdruk voor vermogentoename

3.1 Competence management 17
Competitie eist competentie 17
Essentiële managementvaardigheden 18
3.2 Technisch management 20
Het kan beter 20
Dagboek van een technisch manager 20
3.3 Een kwestie van vermogentoevoer 30
Een benzinemotor als ontwikkelingsmodel 32
De 4 vermogens die de motor doen draaien 36
Terug 'competence management' 38
Lerende organisaties, de batterijladers van competente medewerkers 39

4 Het visievermogen

4.1	De paradox van onze hersenen	43
	Paradigma's laten ons overleven	43
	Paradigma's bedreigen ons voortbestaan	46
4.2	De hersenen als zoeklicht op de omgeving	47
	'Self Leadership'	48

5 Het leervermogen

5.1	De hersenen als een levenslange bouwwerf	51
	Drie waardevolle kamers	51
	Overlevingsgericht leren	52
	Overleveringsgericht leren	53
5.2	Leerspanning, de infodruk op onze hersenen	55
	Levensverwachtingen, de onverklaarbare drijfveer	55
	Het 'hert' zorgt voor de noodzakelijke leerspanning	56
	Overlevingsdrang stimuleert het hert	57
	Het hert komt tegemoet aan onze levensverwachtingen	58
	COMA, het hert is het noorden kwijt	61
	'Self-Casting'	68
5.3	Jeff's Law®, spanning maal stroom	69
	Elektrisch vermogen	69
	Leervermogen	70
5.4	Natuurlijke informatiestromen	72
	Het tijdperk van het hart	72
	Het tijdperk van het hert	72
	De competitie met onszelf	73
	Het hert als onzichtbaar navigatie-instrument	74
5.5	Van Push naar Pull	78
5.6	Leerkundigheid	80
	Model van Nonaka	80
	Intelligentie	84
	Leerkundigheid anders bekeken	84
	'Self-Informing'	84

6 Het veranderingsvermogen

6.1 Jeff's Law®, kracht maal snelheid 89
Dynamisch vermogen 89
Veranderingsvermogen 90
6.2 Leervermogen wordt veranderingsvermogen 92
De materialisatie van het immateriële 92
Creatief Ondernemen 93
6.3 Jeff's Law®, het leerrendement 95
Vermogenleer 95
Leerrendement 96
6.4 Het grote tekort 99
'Self-empowerment' 99
Zelfevaluatie 100

7 De competente organisatie

7.1 Het kompas met de 5 richtingen 105
Het kompas van de medewerker 105
Het kompas van de manager 107
Het kompas van de organisatie 109
7.2 De 'Intuïtieve' Organisatie 111
Natuurlijke leiders promoveren hun levensverwachtingen 111
De gemeenschappelijke visie 112
De collectieve intuïtie 113
De 'Corporate shared vision' 115
Het aantal managementniveaus is afhankelijk van de visie 115
Visie en strategie, de krijttekeningen op het missiebord 116
De nieuwe competenties van de manager 119
7.3 De 'Cast-it' Organisatie 122
Cast-coaches verhogen de leerspanning 122
Mis-casting zorgt voor vermogenverlies 124
Casting is een 'post-it' gebeuren 124
Natuurlijk jobrotatie 125
De nieuwe competenties van de manager 126
7.4 De 'Irrigerende' Organisatie 128
Info-coaches ontwikkelen de informatiestromen 128

	Leerkundigheid als sleutel tot informatie	129
	Investeren in de beschikbaarheid van informatie	135
	Mismanagement maakt de info-coach werkloos	135
	De nieuwe competenties van de manager	136
7.5	De 'Chaotische' Organisatie	137
	Investors zijn de materialisten in de organisatie	137
	Echt empowerment	138
	Chaotisch management van middelen	138
	Systeemdenken als leerkundigheid	140
	De nieuwe competenties van de manager	140
7.6	De 'Competente' organisatie	142
	Competence managers herwaarderen het beroep van manager	142
	Onevenwichtig competence management leidt tot stress	144
	Managementverandering is het eerste veranderingsproces	147
	Competence managers zijn witte raven met zwarte vlekken	147
	I-Teams, L-Teams, O-Teams	147
	O-Teams als bouwstenen voor verandering	149
	De symbiotische organisatievorm	150

8 Het herexamen

8.1	Een reisverslag	155
8.2	Re-reengineering	162
	De management paradox	162
	De erfenis van een mislukte reengineering	162
	Succesvolle re-reengineering	164
	Het Corporate Change Agency	166
8.3	Best practices	170

9 Bijlagen

9.1	Jeff's Law®	175
9.2	Het kompas met de 5 richtingen	176
9.3	Begrippen	177
9.4	Referenties	182

1 Voorwoord

Het boek dat je nu in handen houdt is niet geschreven in één ruk. Integendeel, het is het resultaat van een jarenlange zoektocht naar antwoorden. Antwoorden op vragen die ik mezelf stelde vanuit de functie van training manager bij Siemens. Een bedrijf actief in de telecomsector. Een sector die zich sneller en sneller moet aanpassen aan een steeds sneller veranderende omgeving.

Het is echter geen boek over Siemens, de aangereikte concepten zijn hiervoor te universeel. Ze zijn ontstaan uit een rijke dialoog met collega's uit verschillende bedrijven, met managers uit verschillende sectoren en met consultants van allerlei 'pluimage'. Ze werden getoetst tijdens tientallen lezingen en zijn jaren blijven rijpen tot ze uiteindelijk 'uitgerijpt' hun plaats vonden in dit schrijfsel.

Dankbaar ben ik de mensen waarmee ik urenlang kon discussiëren over organisatieontwikkeling in haar meest ruime betekenis. Mensen die, gedreven door hun 'liefde voor het vak', op zoek waren naar antwoorden op de vragen die bedrijven en organisaties wakker houden.

Hoe ga je om met verandering? Hoe maak je optimaal gebruik van je Human Resources? Hoe verhoog je het leervermogen? Hoe haal je meer rendement uit opleiding? Hoe structureer je een organisatie? Hoe verander je bedrijfsculturen? Hoe? Hoe? Hoe? En dit alles in een periode waarin het woord verandering de woorden stabiliteit en orde veranderd heeft in herinneringen aan een dichtbij verleden.

Er zijn geen eenvoudige antwoorden op al deze vragen. Enkel als je de tijd neemt om bedrijfsculturen te benaderen als complexe systemen waarin we als mens trachten te functioneren, wordt het mogelijk om een deel van de antwoorden te vinden. Slimme antwoorden, die je brengen naar die plaatsen waar de juiste ingrepen wel degelijk je bedrijfscultuur kunnen veranderen.

Misschien heb ik het boek geschreven om mezelf, managers en medewerkers te laten nadenken over deze complexiteit. Om afstand te nemen van het branden blussen en om op zoek te gaan naar die factoren die de branden veroorzaken.

Het is ook een boek dat duidelijk maakt dat er geen eenvoudige oplossingen bestaan, wat niet betekent dat er geen oplossingen zijn. Integendeel, de oplossingen zijn zo uitdagend en vernieuwend dat ze een onweerstaanbare aantrekkingskracht moeten uitoefenen op al diegenen die willen pionieren in het tot stand brengen van dynamische bedrijfsculturen.

Het zijn deze pioniers die de volgende generatie bedrijfsculturen ontwerpen. Dit zal niet zonder risico gebeuren want, alhoewel sommige antwoorden eenvoudig zijn, vragen ze om moed en doorzettingsvermogen.

Het boek is geen wetenschappelijk werk, het is een persoonlijk boek gebaseerd op mijn ervaring als software ingenieur en nadien als verantwoordelijke voor vorming en opleiding. Het is deze versmelting tussen twee werelden, de HRM wereld en de technische wereld, die de basis vormt voor de aangereikte concepten en inzichten.

De opbouw is het best te vergelijken met een rij domino's waarin elk dominostuk een volgende doet vallen. Elke domino draagt in zich een metafoor, een concept of een mogelijk antwoord. Iets dat nodig is om de volgende te laten vallen. Lees het boek dan ook van begin tot einde en laat je meevoeren tijdens een confronterend pleidooi voor het nieuwe, het andere, het creërende.

Jef

2

Op zoek naar een nieuw evenwicht

1 Het informatietijdperk

De tweede vloedgolf

Je voelde het aankomen. Het is als een storm die zich elders opbouwt en langzaam naar onze streken komt afgezakt. Alleen is het ditmaal geen regen en wind maar informatie, zoveel informatie dat we dreigen erin te verzuipen.

Het is niet dat we niet verwittigd zijn. Al geruime tijd trachten mensen ons duidelijk te maken dat we ons moesten voorbereiden. Hoe we onze organisaties konden reengineeren. Hoe we onze leer- en managementstijl dienden aan te passen om te kunnen overleven in een omgeving die continu verandert onder invloed van informatie. We hebben het wel gehoord, maar we hebben niet geluisterd. Dit is normaal, want deze nieuwe omgeving was niet vervat in onze paradigma's, onze denkkaders. Het was te onbekend om het ons voor te stellen, waardoor we het niet zo goed begrepen.

Vandaag moeten we het ons niet meer voorstellen. De informatievloedgolf is gearriveerd. De enige vraag die we ons nog moeten stellen is, of we in staat zijn om onze bedrijven en organisaties boven water te houden. Hebben we nog voldoende tijd om ze te leren zwemmen in deze chaotisch veranderende omgeving? Zijn de opgebouwde reserves aan middelen voldoende om de noodzakelijke veranderingen door te voeren? Of dienen we de kaarten op tafel te leggen? Kunnen we de paniek en de verwarring ombuigen naar een constructief gebruik van informatie?

De enorme en chaotische toename aan informatie en de onmacht om er iets mee te doen is voor vele organisaties en medewerkers een bedreiging. Net zoals het onstuimige water van oceanen schepen uit hun evenwicht brengt. De eerste slachtoffers worden de schepen die geconstrueerd zijn voor de vlakke binnenvaart met haar uitgetekende kanalen. Ze zijn niet ontwikkeld om flexibel in te spelen op de bewegingen van de zee. Elk managementteam van een binnenschip staat op dit moment voor de enorm uitdagende taak zijn binnenschip om te vormen. Het moet een vaartuig worden dat in staat is om overeind te blijven op de sterker en sneller wordende informatiegolven.

Het nieuwe evenwicht is niet meer een horizontaal evenwicht maar een evenwicht dat meebeweegt met de omgeving. In deze context zouden we kunnen spreken van een chaotisch evenwicht. Je weet wel dat je overeind blijft, maar je weet niet meer in welke richting. Het is de economische reactie tussen markt, competitie en informatie die de richting bepaalt.

Informatie over informatie ...

- Een weekeditie van de New York Times bevat meer informatie dan wat een 17e-eeuwer in een totaal leven zou tegenkomen.
- Internationaal worden er duizend nieuwe boeken per dag uitgegeven.
- In de US kan je met een schotelantenne voor TV-ontvangst 600 zenders ontvangen.
- Het aantal websites verdubbelt elke 50 dagen.
- Voorspelling (Negroponte): in het jaar 2000 hebben een miljard mensen toegang tot het Internet.
- In 1850 verdubbelde de hoeveelheid informatie om de 45 jaar. Nu in sterk evoluerende markten om de 3 jaar.
- Distributie van software en handleidingen gaat meer en meer langs het net gebeuren ... omdat ze te snel veranderen.

Bovenstaande uitspraken geven enkel de richting aan. Ieder van ons wordt dagelijks geconfronteerd met de toename aan informatie. Hoe dienen we om te gaan met deze informatievloedgolf? Hoe kunnen we bedrijven en onderwijsinstellingen op zodanige manier managen dat zij informatie opnemen als zuurstof?

Informatie als immateriële grondstof

De toenemende informatiehoeveelheid wordt in versneld tempo omgezet in tastbare veranderingen. De band tussen informatie en verandering is evident. Overal ter wereld zijn er mensen die informatie zien als een onuitputtelijke hulpbron om hun dromen te realiseren. Ze slagen erin om via informatie hun gedrag, vaardigheden en kennis zodanig te ontwikkelen dat het mogelijk wordt om nieuwe informatie te genereren of nieuwe producten of diensten te ontwikkelen. Het zijn zij die aan de basis liggen van de vloedgolf die nu over de wereld raast. Niet de omgeving, niet de natuur, niet de bedrijven maar mensen liggen aan de basis van wat er nu gebeurt. Het is het vermogen van mensen om te leren en te veranderen dat ons meezuigt in de wervelende spiraal van veranderingen.

Het is belangrijk dat we informatie meer en meer beginnen te benaderen als een grondstof. Een immateriële grondstof die even belangrijk wordt als zuurstof indien we mee wensen te bouwen aan het kennistijdperk. Een tijdperk waarin de mens geleerd heeft om informatie te ontginnen en te verwerken met als doel de realisatie van zijn dromen.

Volgende generaties zullen verbaasd staan over de primitieve manier waarop we de eerste informatiebronnen ontgonnen hebben. Net zoals het stenen-, het ijzeren- en het bronzen tijdperk gaan we als mens een nieuw en boeiend tijdperk tegemoet. Alleen beseffen we nog niet volledig de impact op onze toekomst.

2 Veranderingen, zure regen voor bedrijfsculturen

Een bedrijf is een cultuur

Als we het woord cultuur opzoeken in woordenboeken, dan vinden we steeds verklaringen die teruggrijpen naar de oorsprong van het naamwoord, nl. het Latijnse woord cultura. Oorspronkelijk stond dit woord voor een landbouwterm die verwees naar de bebouwing, de bewerking of de verzorging van gronden. Het verwijst dus steeds naar het ingrijpen van de mens in een natuurlijke toestand, met een welbepaald doel of resultaat voor ogen.

Een cultuur is in bovenstaande betekenis een tastbaar begrip. Je ziet het resultaat, je kan de 'ingrijpende processen' omschrijven en je ziet duidelijk de rol van de mens, de landbouwer in dit geheel. Zonder dit ingrijpen zouden deze culturen gewoonweg niet bestaan. Alles zou blijven in zijn natuurlijke vorm. Het is het veranderingsvermogen van de landbouwer dat het mogelijk maakt om kunstmatige culturen te realiseren. Zonder dit vermogen dat het resultaat is van zijn kennis, vaardigheden, gedrag en inzet zou het onmogelijk zijn doelgericht in te grijpen in de natuur.

Landbouwers kunnen vanuit deze benadering gezien worden als voorlopers van onze huidige generatie aan managers. Beiden brengen het immers voor elkaar om grondstoffen en andere middelen samen te brengen in processen die resulteren in kunstmatige culturen. Deze culturen hebben meer opbrengst of rendement dan dezelfde middelen in hun natuurlijke toestand. Naar analogie van het resultaat van 'landbouwen' kunnen we het resultaat van 'managen' bedrijfsculturen noemen en de opgezette processen, bedrijfsprocessen.

In deze betekenis hebben bedrijven geen cultuur maar zijn zij een cultuur. Het is een tastbaar iets. Net zoals bij landbouwculturen kunnen we zowel de bedrijfsproducten als de bedrijfsprocessen omschrijven.

Managers onder druk

Het management heeft een zeer verantwoordelijke en omlijnde basisopdracht in een bedrijfscultuur. Het is een groep van mensen die de taak op zich heeft genomen om bedrijfsmiddelen bij elkaar te brengen en ze te gebruiken om een welbepaalde missie, visie en strategie te verwezenlijken.

Belangrijk in het bovenstaande is de intrinsieke motivatie van managers om iets te realiseren. Zonder deze wil tot realisatie zouden bedrijfsculturen niet kunnen ontstaan.

Managers zijn echter niet alleen verantwoordelijk voor het opzetten van de bedrijfscultuur. Ze zijn eveneens verantwoordelijk voor de noodzakelijke evolutie van de cultuur als een veranderende omgeving het voortbestaan in gevaar brengt.

Meer dan ooit hebben bedrijven nood aan een competent management. Een management dat er zich duidelijk van bewust is wat het kennistijdperk betekent voor het bedrijf en welke ingrepen nodig zijn om de bedrijven te laten gedijen in deze nieuwe omgeving.

Er komt echter zoveel informatie op ons af dat veel managers ze niet herkennen als een grondstof voor verandering. Velen zijn niet in staat – of er nog niet klaar voor – om het horizontale evenwicht te verlaten.

Ze trachten de informatiezee terug glad te krijgen en te kanaliseren. In plaats van de organisatieculturen te veranderen trachten ze de omgeving te veranderen. Voor diegenen die het nog niet beseffen: "Dit is onmogelijk". De golven worden integendeel nog hoger. De snelle ontwikkelingen op het gebied van informatie- en telecommunicatietechnologieën zorgen voor een onomkeerbaar proces. We kunnen beter al onze energie stoppen in het zeewaardig maken van alle binnenschepen, voordat het water tot aan onze lippen komt. Misschien is dit onmogelijk met het management van vandaag.

OF WE GAAN MET MAN EN MACHT ONS SCHIP ZEE-WAARDIG MAKEN
OF WE VERGAAN MET MAN EN MUIS.

Management Malpractice

Het is net alsof de stroom van veranderingen inwerkt als 'zure regen'. In plaats van te reinigen of te laten groeien, is ze verantwoordelijk voor het afbrokkelen van bedrijfsculturen.

Is een manager die de vaardigheden bezit om een binnenschip te managen in staat om een schip voor de lange omvaart te managen? Het is zelfs moeilijker dan dat. Hij moet het binnenschip tezelfdertijd ombouwen tot een zeewaardig schip. Vooraleer hij aan de slag gaat, moet hij dus weten hoe een zeeschip er uitziet.

We zijn ervan overtuigd dat dit voor veel managers juist iets te veel gevraagd is. Een groot deel van het management zal in zijn binnenschip de storm uitzitten. Vermoedelijk op de bodem van de zee. Een ander deel zal, net zoals Don Quichote, vechten tegen het water en dat trachten onder controle te krijgen. Spijtig genoeg gaan zij hun collega's op de bodem van de zee vervoegen.

Enkel diegenen die nu reeds, latent of actief, de vaardigheden van een zeeman bezitten of ontwikkelen, onderschatten het probleem niet. Ze hertekenen en veranderen met man en macht de interne processen en systemen om hun schepen zeewaardig te maken.

Ze weten waar ze naartoe moeten en zijn niet bang om te investeren. Ze weten dat dit niet een moment is om te bezuinigen, maar om te investeren. Zonder significante investeringen is het immers onmogelijk om een zeewaardig schip te bouwen. Ze weten ook dat alle nutteloze ballast uit het schip moet. Deze ballast vertraagt heel de reengineering en kan juist de nodige investeringsmiddelen opleveren.

De noodzakelijke veranderingsprocessen zijn zo ingrijpend dat ze niet tussendoor kunnen gebeuren. Alle reserves en middelen moeten nu boven tafel komen.

De toenemende spanning tussen de vereiste en de beschikbare managementvaardigheden zorgt niet enkel voor een toenemend aantal gevallen van management malpractice, ze zorgt er ook voor dat bedrijfsculturen onder toenemende druk komen te staan van de 'markt'.

Het gebrek aan veranderingsvermogen maakt dat bedrijven verdwijnen, weggedrukt door anderen die de markt naar hun hand zetten. Zonder de noodzakelijke veranderingen stabiliseert de bedrijfscultuur zich tot een eenvoudige 'schietschijf'. Keihard kunnen we stellen dat, indien het management zich niet bewust wordt van de noodzaak voor cultuurverandering, het probleem zichzelf oplost door eenvoudige eliminatie.

Het 'darwinisme' is ook van toepassing op bedrijven. Deze leer over levende organismen kan vertaald worden naar: '... dat alle levende bedrijven zich trapsgewijze tot hun tegenwoordige staat ontwikkeld hebben en dat de soorten zijn ontstaan door natuurlijke marktselectie'.

3

Blauwdruk voor vermogentoename

1 Competence management

Competitie eist competentie

Managers zijn koortsachtig op zoek naar de juiste weg om hun bedrijfscultuur aan te passen. Consultants spelen hier maar al te graag op in. Ze overspoelen de managementwereld met informatie die het management de nodige zuurstof geeft om hun rol te vervullen. Begrijpen managers deze informatie? En zo ja, passen ze die toe? Gebruiken ze de informatie als een grondstof die hen helpt bij de realisatie van veranderingsprojecten? Of zorgt de informatie voor nog meer verwarring?

Als informatiebron gebruiken we graag woordenboeken. Woorden hebben immers de kracht om ons terug te brengen naar de essentie. Twee woorden hebben een belangrijke rol gespeeld bij de realisatie van dit boek ...

compe'tent *(<Lat) bn*

1 de vereiste kundigheden bezittend;
2 tot handelen of oordelen bevoegd.

compe'titie *(<Lat) v*

1 mededinging;
2 reeks van wedstrijden waarbij iedere deelnemer tegen alle andere uitkomt.

Deze twee woorden zijn onafscheidelijk. Je kan enkel deelnemen aan een competitie indien je hiervoor de nodige competentie bezit. Bezit je de competentie niet, dan dien je het speelveld te verlaten. Je verliest de wedstrijd.

Als we het woord competentie gebruiken in de betekenis van marktcompetitie dan verstaan we hieronder: "een wedstrijd waarin bedrijfsculturen met elkaar in competitie gaan. De winnaar is diegene die het langst producten en diensten kan leveren in een omgeving van vrije marktcompetitie".

De competentie van de bedrijven neemt toe als zij hun kundigheden en bevoegdheden vergroten. Dit resulteert op zijn beurt in veranderingen op de markt. De enige manier om deel te nemen aan deze competitie is eveneens je kundigheden en bevoegdheden laten toenemen. Het is het marktsegment waarin je actief bent dat bepaalt welke de vereiste kundigheden zijn.

Competentieontwikkeling is dus rechtstreeks afhankelijk van de snelheid waarmee je markt verandert. Voor een bedrijfscultuur die hierop snel en gepast kan reageren is de kans op overleven groot. En dit is nu juist de rol van het management.

Essentiële managementvaardigheden

De betekenis van competentie en competitie brengt veel duidelijkheid over de rol van het management in bedrijven. Alle bestaande informatie over managementvaardigheden valt als puzzelstukjes in elkaar.

De verschillende puzzelstukjes krijgen eveneens een diepere betekenis omdat het totaalbeeld begrijpbaarder is. De toegevoegde waarde van elk stukje, om een competitiever bedrijf te realiseren, wordt duidelijk.

Als 'competent zijn' de sleutel is tot competitiviteit dan dienen managers zodanig te managen dat medewerkers hun competenties beter kunnen ontwikkelen.

Managers moeten ervoor zorgen dat medewerkers ...

- beter weten wat **vereist** is,
- **kundiger** worden,
- meer **bevoegdheid** krijgen.

Bovenstaande benadering maakt het ook eenvoudig om een relatie te leggen met drie Engelse werkwoorden die betrekking hebben op managementvaardigheden.

- **To lead**: een Nederlandse verklaring hiervoor is het geven van richting, het voorgaan. Als dit op een goede manier gebeurt, kunnen medewerkers beter uitmaken wat **vereist** is.
- **To coach**: dit betekent het trainen, het begeleiden of het helpen van mensen. Op deze manier worden ze **kundiger**.

- **To empower**: dit betekent het geven van bevoegdheid aan mensen. Ongelooflijk hoe de Engelse taal erin slaagt om met één woord '**het geven van bevoegdheid**' samen te vatten. Dit woord verdient, net zoals *coach*, een plaats in onze Nederlandse woordenboeken.

Competence management is een stijl van managen die erop gericht is om de competentie van medewerkers te laten toenemen. De managementvaardigheden om dit te realiseren zijn: to lead, to coach en to empower.

Einde

Inderdaad, het boek kan hier eindigen want de werkwoorden 'to lead', 'to coach' en 'to empower' bevatten samen de noodzakelijke managementvaardigheden om een bedrijf te laten overleven.

Geen enkele manager zal het tegendeel beweren. Elke manager zal met volle overtuiging antwoorden dat hij alle drie de vaardigheden bezit. Hij zorgt ervoor dat medewerkers weten waarheen het bedrijf of het team wil. Hij zorgt ervoor dat medewerkers kundiger worden en hij geeft ze de noodzakelijke bevoegdheden om hun taken te kunnen uitvoeren.

2 Technisch management

Het kan beter

Als verantwoordelijke voor organisatieontwikkeling kan je het best ervan uitgaan dat alle managers leiden, coachen en delegeren. De uitdaging is managers ervan te overtuigen dat ze steeds beter moeten leiden, coachen en delegeren.

Dit laatste is niet eenvoudig omdat het niet altijd mogelijk is de juiste voorbeelden te geven. Te dikwijls ontbreekt hiervoor de kritische massa aan managers die de juiste vaardigheden bezitten om het 'beter en meer' te realiseren. Moest deze wel aanwezig zijn, dan was het bedrijf waarschijnlijk competitief genoeg.

Leiden, coachen en delegeren zijn geen woorden zoals 'ja' en 'nee'. Je doet het of je doet het niet. Het zijn werkwoorden, vaardigheden die je zeer slecht, slecht, goed of zeer goed kan uitvoeren. Hoogste tijd dat we niet enkel medewerkers evalueren op hun inzetbaarheid, maar dat we ook managers gaan beoordelen op hun managementvaardigheden. Zij moeten door professioneel management, een omgeving creëren waarin medewerkers zich kunnen ontwikkelen. Slechts als we beschikken over een professioneel management, kunnen we een 'oordeel' vellen over de medewerkers.

Dagboek van een technisch manager

Periode 1: De glorietijd

Stel dat we op zoek zijn naar een manager voor een bedrijf of een team dat dient te functioneren in een omgeving die vrij stabiel is. Er is weinig competitie en de gebruikte technologie of de bedrijfsprocessen zijn nog te overzien. Het is de snel-

heid van werken die de winstmarges bepaalt. Wie zou jij dan promoveren tot manager?

Voorafgaande beschrijving van de stabiele omgeving is te beperkt om de juiste beslissing te kunnen nemen. We trachten met deze beschrijving enkel terug te zappen naar een realiteit van een tiental jaar geleden. In dit soort van omgeving was het normaal dat diegene met de best ontwikkelde technische kundigheden, de grootste kans maakte om manager te worden. Je zou als beheerder van een bedrijf gek zijn om anders te beslissen. Tenzij mogelijke familiale of politieke onrust het beslissingsproces beïnvloedde.

Het gevolg van bovenstaande wijze beslissing was technisch management. De manager kon immers managen vanuit zijn technische bagage. Hij overzag bijvoorbeeld het productieproces, kon snel ingrijpen in geval van problemen, zorgde voor de noodzakelijk vernieuwing en dirigeerde zijn werknemers door hun dagelijkse taken. De hersenen van de manager werden de hersenen van het bedrijf. De som van noodzakelijke kennis was gelijk aan zijn kennis. Hij nam de beslissingen, die dan ook bijzonder snel konden verlopen. Er moesten geen technische conflicten tussen meerdere personen worden opgelost.

Tientallen jaren hebben we kunnen voortbouwen op het logische en ook het rendabele achter technisch management. Het was zo logisch dat we er een paradigma van gemaakt hebben. Een denkkader dat we hanteerden en dat nog steeds bruikbaar is om alle promotieperikelen op te lossen. Het was een tijd dat iedereen uitkeek naar het moment dat de oude verdween en vervangen werd door de tweede oudste. De persoon met de meeste ervaring. Het was gewoon een kwestie van geduld en volgzaamheid. Diegenen met het grootste geduld en schoolvolgzaamheid maakten het.

Het is even logisch dat medewerkers in dit type van werkomgeving de volledige verantwoordelijkheid en bevoegdheden legden in de handen, of beter gezegd, het hoofd van de manager. De manager loste immers de problemen op. Hij zorgde voor de taakverdeling. Hij was steeds op de hoogte van de toekomstige evolutie en was de enige contactpersoon met andere teams. Op deze manier creëerden we niet enkel voor het management een paradigma, maar ook voor de werknemers. Het paradigma van gehoorzaamheid en volgzaamheid.

Als de technische manager een vriendelijk man was, dan kreeg hij zelfs het respect van zijn medewerkers. Dit was meegenomen maar geen voorwaarde tot promotie. De manager kreeg immers een aantal hiërarchische bevoegdheden die de bevelvoering konden ondersteunen. We denken hierbij aan selectie, ontslag, beloning, taakverdeling, verlofregeling,...

Het was ook de tijd van de formele (hiërarchische) leider en de informele. De laatste deed het werk maar de eerste kreeg, omwille van anciënniteit, de pluimen en het geld. De voldoende kennis om technisch te kunnen managen zat ergens anders in de afdeling of het team. Deze toestand werd stilzwijgend aanvaard omdat een andere promotiepolitiek voor te veel conflicten kon zorgen.

Periode 2: Dinosaurussen worden geboren

Wat zou je doen als de complexiteit van het productieproces toeneemt? De eerste signalen van toenemende competitie worden zichtbaar.

Proficiat, je vond een goed antwoord! Je voegt allerlei stafdiensten aan de manager toe om hem te ondersteunen in zijn beslissingsproces. Zijn hersenen nemen hiermee bijna kunstmatig toe (kunstmatige intelligentie?).

Manager en stafdiensten beheersten de bedrijfsprocessen. Hun gemeenschappelijke kennis was voldoende om het bedrijf te managen. Het principe van technisch management bleef overeind. De stafdiensten zorgden voor de extra noodzakelijk kennis om de manager de juiste beslissingen te laten nemen.

Als de hoeveelheid beveelwerk toenam dan vergrootte hij de hiërarchische staf. Hij zorgde er echter steeds voor dat hij op de hoogte bleef van de technische evolutie. De nieuwe hiërarchische niveaus bleven, net zoals zijn vroegere medewerkers, afhankelijk van hem voor de belangrijkste technische beslissingen. Het aantal handtekeningen was gelijk aan het aantal hiërarchische niveaus. Deze escalatie vertraagde het beslissingsproces zodanig, dat uiteindelijk het grote voordeel van technisch management, snelheid van beslissingen, volledig teniet werd gedaan. De organisaties werden dinosaurussen. Het volume werk dat kon worden verzet nam wel toe, maar de wendbaarheid van het bedrijf nam enorm af. Het was de tijd van massaproductie. Het was de tijd dat mastodonten de wereld omploegden.

Het was ook de tijd dat personeelsdiensten als steundiensten uit de grond werden gestampt. Ze zorgden voor de personeelsadministratie en andere personeelsgebonden materies (motivatie, reprimandes, personeelsfeesten en vieringen,...). Zelfs opleidingsdiensten werden opgericht om de medewerkers door vorming en opleiding te kneden en te vormen tot stukken die beter pasten in het productieproces. Stafdiensten die zichzelf

specialiseerden in tijdsstudies en kwaliteitszorg werkten mee aan de specificaties voor het kneedwerk.

Personeelssystemen werden verder ontwikkeld om in te spelen op deze toch zeer stabiele situatie. Belangrijker dan de ontwikkeling van de organisatie werd de institutionalisering van de personeelssystemen als onwrikbare paradigma's. Het jaarlijkse functionerings- en beoordelingsgesprek werd geïnstalleerd als een nieuw paradigma. Doelstellingen en opleidingsbehoeften werden op jaarbasis opgemaakt en geëvalueerd. De controle op het systeem kreeg voorrang op de flexibiliteit. Oh wee diegene die het waagde om dit gebeuren in vraag te stellen. Het was een periode dat het technisch management een dusdanige overhand haalde dat het onmogelijk leek dat dit zou veranderen.

En toen werd het warm, zeer warm. Van het ene jaar op het andere namen de veranderingen op de markt toe. Nieuwe producten, lagere prijzen, een hogere kwaliteit en voornamelijk de technische evolutie waren de voornaamste elementen die bedrijven deden wankelen. Het stabiele evenwicht was zoek. Niemand wist hoe de bedrijfsculturen aan te passen aan de nieuwe omgeving. Zelfs de zo geprezen jaarlijkse functionerings- en beoordelingsgesprekken volstonden niet meer om de medewerkers in het bedrijf te synchroniseren met de bedrijfsdoelstellingen. De realiteit begon sneller te veranderen dan de herbronningcyclus van 1 jaar. De dinosaurus kreeg te maken met een klimaatswijziging. Zijn overleven kwam in gevaar.

Periode 3: De dinosaurus maakt zijn nek korter

Wat is volgens jou een mogelijke oplossing om de dinosaurus te laten overleven in een omgeving die sneller en sneller begint te veranderen?

Inderdaad als we even mee mogen gokken dan zouden we ook voorstellen om zijn nek in te korten. Niet door één nekwervel te verwijderen maar zoveel mogelijk nekwervels. Op deze manier vangen we twee vliegen in één klap. We bezuinigen op de managementkosten en tegelijkertijd brengen we het beslissingscentrum dichter bij het lijf. Dit heeft automatisch tot gevolg dat het bedrijf zich sneller kan aanpassen door een snellere besluitvorming.

Zo gezegd, zo gedaan. Hiërarchische niveaus werden geëlimineerd of opgenomen in 'self-managed' teams. De chef werd terug collega … of niet-hiërarchisch coördinator. We hebben zelfs een naam voor dit soort van organisatie. De vlakke of de horizontale organisatie. Een organisatievorm met zo weinig mogelijk hiërarchische niveaus. Enkel de echte technische managers mogen blijven zitten. Ze mogen als het ware het jaar overdoen. De kop krijgt een nieuwe kans. Alleen nu met hoofdpijn, want de technische managers worden geconfronteerd met een informatiestroom die de grijze cellen in een toestand brengen van chronische overbelasting.

Belangrijk bij al deze ingrepen is het blijven gebruiken van het principe van het technisch management. Diegene met de meeste technische bagage hield nog steeds het roer in handen. Het paradigma bleef overeind.

Periode 4: De dinosaurus volgt een dieet

Wat kan je doen om de doodstrijd van een dinosaurus te verlengen? Hoe kan je zijn leven kunstmatig rekken?

Opnieuw vinden we de oplossing: bezuinigen! Nu de dinosaurus zijn nek had ingekort keek hij naar zijn lichaam en dacht 'dit is te zwaar'. Het kost me teveel energie om dit te onderhouden. Systemen werden uitgedokterd om 'nutteloze' ballast weg te snijden. Medewerkers die niet meewerkten werden opgespoord en bedankt voor de niet geleverde diensten. Ouderen werden bedankt voor hun inzet en allerlei formules werden uitgedokterd voor een eerlijke 'uitzet'.

Op deze manier slaagden de organisaties er wel in om de kosten te drukken, maar de overblijvende arbeid werd niet minder. Ze diende te worden herverdeeld over de rest van de organisatie. De vitale organen, de presterende medewerkers die reeds 100% werkten, kregen hierdoor nog meer werk. Overbelasting van deze organen werd een potentieel probleem, maar de 'technische managers' gingen ervan uit dat dit de werkijver alleen maar kon verhogen. Enkel nog harder werken kon het bedrijf redden. Trouwens, beter iedereen met stress dan alleen het management. 'Geen stress' was een symptoom van 'geen werk'. Het was een tijd dat iedereen tegen elkaar liep te vertellen hoe druk het wel was. Een continue sfeer van onderlinge controle verving het lachen.

Het was ook een periode dat het 'technisch management' er terug in begon te geloven. Het verstrengen van de controle (op geld- en tijdsgebruik) en de hernieuwde technische sturing begon vruchten af te werpen. De neerwaartse spiraal ging niet meer zo snel neerwaarts, eventjes maar. Procedures werden nog belangrijker en ISO 9000 deed zijn intrede. Informatiesystemen werden bedacht om nog meer controle te krijgen op de bedrijfsprocessen.

Natuurlijk is het in de bedrijven niet zo extreem gesteld, maar het geeft wel een beeld van wat we bedoelen met technisch management en de gevolgen hiervan op de organisatie. Te dikwijls hebben de reacties van het technisch management op de veranderingen in de omgeving de mastodont nog dieper in de modder vastgezet. De noodzakelijke collectieve competentie was in de bedrijven gewoonweg niet aanwezig om andere richtingen of oplossingen te zien. Technische managers zijn gespecialiseerd in de technische aspecten van de producten en diensten. De noodzakelijke competentie om complexe bedrijfsculturen te managen die deelnemen aan een competitie in een zeer agressieve omgeving is niet altijd aanwezig. De technische manager is zich daar te weinig van bewust.

Periode 5: De laatste pagina's

Alhoewel bovenstaande ingrepen het ultieme uitsterven van een managerssoort uitstellen, kunnen we er toch niet omheen dat we voorbijgaan aan de werkelijke probleemstelling. Blijft technisch management een haalbare kaart in de competitieve omgeving van vandaag? Wat hebben de technische managers dan toch over het hoofd gezien?

Ze zijn vergeten te kijken naar het hoofd zelf. In al hun ijver om te managen zijn ze vergeten zichzelf te managen. Het is immers onmogelijk geworden om al de noodzakelijke competenties te centraliseren in één hoofd en tegelijkertijd in te spelen op de snelle en krachtige veranderingen op de markt.

Als we teruggrijpen naar het woord competentie, dan zouden we kunnen zeggen dat

- de ***vereiste kundigheden*** zodanig zijn toegenomen dat het ondoenbaar geworden is om de vereiste kennis en vaardigheden te voorzien in de hoofden van de managers alleen. We dienen de vereiste kundigheden te verdelen over alle beschikbare human resources in het bedrijf. Het wordt zelfs moeilijker en moeilijker om de vereiste kundigheden te dupliceren over verschillende medewerkers. Elke medewerker wordt een bron van specifieke kennis en kundigheden in de bedrijfscultuur. Op deze manier maken we optimaal gebruik van de mogelijkheden van de medewerkers.
- de snelheid waarmee we veranderingen of verbeteringen moeten verwezenlijken neemt zodanig toe dat we een aantal ***bevoegdheden*** moeten delegeren aan alle beschikbare human resources. Enkel dit manoeuvre kan de noodzakelijke snelheidswinst leveren om de markt te kunnen volgen. Medewerkers beslissen zelf wanneer wat moet gebeuren. Opnieuw, enkel op deze manier maken we echt gebruik van de mogelijkheden van de menselijke middelen. Het is niet alleen de snelheidswinst die managers verplicht om bevoegdheden te delegeren. Ook de noodzakelijke verdeling van de kundigheden verplicht tot delegatie. Onmogelijk om beslissingen te nemen zonder de noodzakelijke kundigheden.

Wat voorafgaat plaatst managers voor een enorme vraagstelling i.v.m. hun verdere professionele ontwikkeling ...

- Ofwel volharden ze in het principe van 'technisch management' met de kans dat er op termijn niets meer te managen valt.
- Ofwel volharden ze in het principe van 'technisch management', maar maken ze zichzelf en anderen wijs dat ze 'competence managers' zijn. Dit is een zeer gevaarlijke situatie. Deze managers zijn ervan overtuigd dat ze een visie hebben, elke dag coachen en dat ze zoveel mogelijk delegeren. Elke dag geloven ze het een beetje meer. Het zijn de fictieve 'competence managers' van de organisatie. Hen overtuigen van het tegendeel wordt een zeer riskante onderneming.
- Ofwel ontwikkelen managers zichzelf tot 'competence manager' met het gegeven dat dit niet mogelijk is voor alle managers. De vereiste kundigheden voor 'competence management' zijn immers totaal verschillend van deze voor 'technisch management'.
- Ofwel stoppen ze met het uitvoeren van een managementtaak en gaan ze 'terug' een technische functie uitvoeren. Dit betekent afstand nemen van een zekere status en omgaan met het gegeven dat niet elke manager erin zal slagen om terug een technische functie op te nemen.

Als we bovenstaande punten terug overlopen, dan staat de technische manager misschien voor de moeilijkste uitdaging van gans zijn professionele loopbaan. Het ultieme ogenblik waarop hij moet kiezen voor de overlevingskans van de bedrijfscultuur, of voor de overlevingskans van de belangrijkste enkeling die er rondloopt, zichzelf. Het is waarlijk een opdracht om U tegen te zeggen.

De laatste managementtaak voor het 'technisch management' is het managen van de overgang naar 'competence management' of het managen van de ondergang.

Periode 6: Een nieuw begin

Het dilemma waarvoor technische managers staan ligt aan de basis van de problematiek rond het innovatief vermogen van bedrijven. Het is het management zelf, dat het beste van zichzelf gegeven heeft in de tijd van technisch management, dat nu de grootste hinderpaal vormt voor de verdere ontwikkeling van de bedrijfscultuur. De flexibiliteit begint niet bij de medewerkers, maar bij het management. Enkel indien dit het voorbeeld geeft, kan de rest van de organisatie zien wat er dient te gebeuren.

IK GA DAT BEDRIJF HIER EENS VERANDEREN, ZIE!
BEGIN MET UZELF.

Enkel indien bij de technische managers een voldoende grote groep van managers zich kan ontwikkelen tot competence managers, maakt het bedrijf een kans. Het zijn deze managers die het voorbeeld kunnen zijn voor anderen en een leidende rol kunnen gaan spelen in het veranderingsproces. Ze hebben het enorme voordeel dat ze elkaar begrijpen en ondersteunen in hun ontwikkelingsproces. Het is deze stille kracht van het potentieel in de dinosaurus dat het verschil kan maken.

Het is belangrijk dat een bedrijf beschikt over een onafhankelijk orgaan dat bovenstaand proces kan versnellen. De top van het bedrijf moet dit orgaan volledig ondersteunen omdat het dient in te grijpen in de managementstructuur van het bedrijf. Het zijn diegenen die zich gaan vervolmaken in technieken van keizersnede en managementeuthanasie. Er is geen tijd te verliezen. Alle tijd die je nu verliest, moet je later inhalen.

3 Een kwestie van vermogentoevoer

De 4 fazen van competentieontwikkeling

Naast de eenvoudige betekenis van het woord "competent", kan je de ontwikkeling van competenties terugbrengen tot een eenvoudig model bestaande uit 4 fazen. Het is een model dat op een creatieve manier de discussie omtrent veranderingsvermogen in goede banen kan leiden. Tergelijkertijd laat het toe verbanden te leggen met "competence management".

Onbewust Incompetent

Zonder dat je het je realiseert ben je niet meer competent om je functie uit te voeren. Deze toestand is altijd relatief t.o.v. je omgeving en dit in de ruimste betekenis. M.a.w. als je omgeving niet verandert, is het perfect mogelijk dat je 'eeuwig' competent blijft. Incompetent betekent in deze context: onbevoegd en/of de vereiste kundigheden niet (meer) bezitten om in een bepaalde omgeving te kunnen functioneren.

Als je niet weet dat er instrumenten of vaardigheden bestaan om je functie makkelijker of effectiever uit te voeren, dan ben je onbewust incompetent. Als je niet weet dat er vaardigheden bestaan om beter te managen dan ben je als manager onbewust incompetent.

Incompetent heeft als woord steeds een wrange nasmaak. Zeggen dat iemand incompetent is komt meestal over als een belediging. Het hoeft geen belediging te zijn, wel een waarschuwing.

Bewust Incompetent

Je bent er jezelf van bewust geworden dat je incompetent bent. Je was opmerkzaam genoeg om in te zien dat het beter kon. Je beseft dat je ofwel de noodzakelijke bevoegdheden niet bezit en/of dat je de vereiste kundigheden niet beheerst. Een boeiende periode van ontwikkeling kan volgen. Het 'leren' kan beginnen.

Het kan ook een periode worden van angst en bezinning. Kunnen we competent worden? Kunnen we onze functie verliezen? Het is deze angst die je kan terugbrengen naar een 'kunstmatige' toestand van 'onbewustheid'. Het rijk van 'schijn en camouflage'.

Medewerkers erkennen de kracht van computers, de voordelen van internet, het boeiende van teamwork, de noodzaak voor self-empowerment en betrokkenheid. Managers erkennen dat leiden, coachen en delegeren echt kan werken. Managers beseffen dat ze niet altijd bevoegd zijn om hun eigen medewerkers te managen (raar maar waar).

Bewust Competent

De ontbrekende competenties zijn ingevuld. De noodzakelijke bevoegdheden zijn verworven en dit in evenwicht met het opbouwen van de vereiste kundigheden. We voelen ons nog onwennig, maar we hebben reeds bewezen dat we terug competent zijn. Het rijden met een 'L' kan beginnen.

Medewerkers maken nog fouten. Managers zien de fouten als leermomenten, als een tijdelijk iets. Managers beginnen de pas 'verworven' managementvaardigheden toe te passen. De eerste visies beginnen vorm te krijgen, bestaande conflicten worden aangepakt, delegatie krijgt vorm. Meer en meer wordt er gebruik gemaakt van het kennen en kunnen van de human resources. De sterke punten bij medewerkers komen naar boven. We gebruiken onze nieuwe competenties zeer bewust, misschien nog te bewust.

Onbewust Competent

We komen in die toestand dat alles 'als vanzelf' gaat. Alle handelingen worden onbewust uitgevoerd. We zijn er onszelf niet meer van bewust dat we competent zijn. We zouden wensen dat het altijd zo zou blijven. Of niet soms?

Managers lossen conflicten op, onbewust, intuïtief. Producten en diensten worden afgewerkt, bijna 'foutloos', bijna 'tijdloos'. We beseffen zelf niet meer wat we allemaal kunnen en kennen.

Een benzinemotor als ontwikkelingsmodel

Enkel indien we er ons van bewust zijn dat we onbewust niet vaardig kunnen zijn, kan de ontwikkeling van onze competenties beginnen. Enkel indien managers er zich van bewust zijn dat managementvaardigheden belangrijk zijn om competenties te managen, kan het aanpassingsproces starten.

Boeiend wordt het pas als we competentieontwikkeling vergelijken met een 4-takt benzinemotor.

De 4-takt techniek

Een 4-takt motor is één van de meeste eenvoudige manieren om het vermogen dat vrijkomt bij het ontbranden van benzine om te zetten in een continue beweging.

Voor de niet technische lezers kunnen we het principe alsvolgt voorstellen.

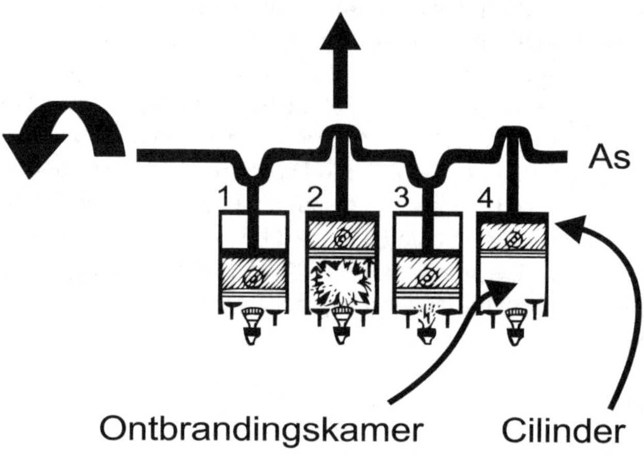

Een 4-takt motor bezit 4 identieke cilinders. Om beurt wordt de ontbrandingskamer van elke cilinder gevuld met een mengsel van benzine en lucht dat op het juiste moment tot ontploffing wordt gebracht.

De ontbrandingskamer van cilinder 2 is in de figuur aan de beurt. Door de kracht van de ontploffing duwt cilinder 2 de as naar 'boven'. Als we nadien het benzinemengsel in cilinder 3 tot ontploffing brengen, dan wordt daar de as naar 'boven' geduwd. Kunnen we ervoor zorgen dat de ontploffingen in de verschillende cilinders elkaar opvolgen, dan verkrijgen we een as die voortdurend ronddraait. Het is deze beweging die wordt doorgegeven aan de wielen van een auto waardoor deze in beweging komt.

Cilinders veranderen de ontwikkelingstoestand

De werking van een 4-takt motor is wel iets complexer dan zojuist werd toegelicht, maar als metafoor is hij zeer goed bruikbaar voor het weergeven van de 4 ontwikkelingstoestanden. Telkens een andere cilinder ontbrandt, verandert de ontwikkelingstoestand.

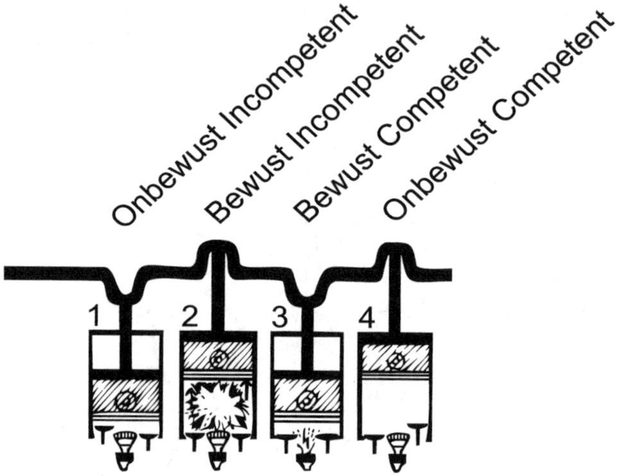

Cilinder 1 ontbrandt: als deze cilinder naar boven komt verandert de ontwikkelingstoestand van onbewust competent naar onbewust incompetent.

Cilinder 2 ontbrandt: de ontwikkelingstoestand verandert van onbewust incompetent naar bewust incompetent.

Cilinder 3 ontbrandt: in deze toestand worden we bewust competent

Cilinder 4 ontbrandt: wanneer deze cilinder naar boven komt worden we onbewust competent.

Cilinder 1 ontbrandt: de ontwikkelingscyclus herhaalt zich... Op deze manier blijft de dynamiek op gang.

Bovenstaand model is eenvoudig, maar we kunnen het nog indringender gebruiken als we ons de vraag stellen hoe mensen of bedrijven veranderen van ontwikkelingstoestand.

Wat brengt hen bijvoorbeeld van de toestand 'onbewust incompetent' naar 'bewust incompetent' of van 'bewust competent' naar 'onbewust competent'. Het is deze vraag waarop we moeten focussen willen we het veranderingsvermogen van bedrijven en mensen niet enkel begrijpen, maar ook verhogen.

In deze metafoor kunnen we ons voorstellen dat mensen of organisaties hun competenties slechts ontwikkelen als hun ontwikkelingsmotor continu draait. Des te sneller de competentie van de spelers of organisaties waarmee we ons meten toeneemt, des te sneller de motor dient te draaien.

Dit kan enkel gebeuren als we continu brandstof aan de verschillende cilinders van de motor toevoegen. Als dit niet het geval is, dan dienen we de bedrijfsprocessen te veranderen. Zonder toevoeging van brandstof valt de motor stil. Er is onvoldoende vermogen om de cilinders in beweging te brengen. De competentieontwikkeling in de bedrijfscultuur stopt.

Reengineering

Het is onder deze betekenis dat we het werkwoord 'reengineering' moeten gebruiken. Het herdenken van de werking van de bedrijfscultuur met als doelstelling het verhogen van de competentie.

De 4 vermogens die de motor doen draaien

Het is belangrijk dat we de verschillende vermogens die de 'leermotor' doen bewegen van dichterbij bekijken. Het is hier dat we nieuwe inzichten en verbanden kunnen ontdekken.

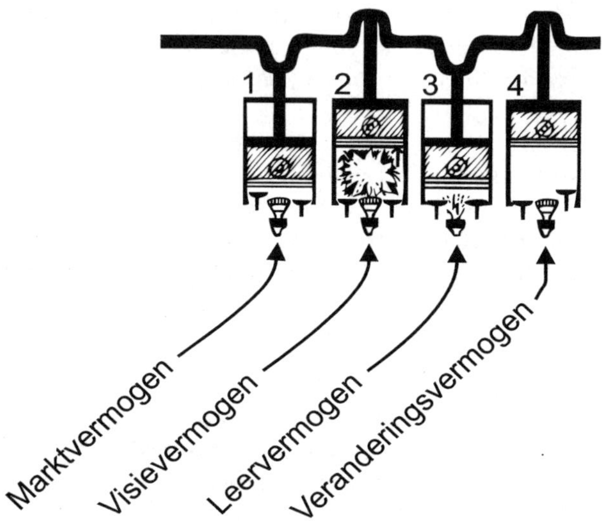

Het marktvermogen

Welk vermogen brengt ons van 'onbewust competent' naar 'onbewust incompetent'?

Als we ons deze vraag stellen, dan wordt het duidelijk dat we dit vermogen niet zelf leveren. De markt en de omgeving waarin we ons bewegen leveren dit vermogen. Het is als het ware gratis, we moeten er niets voor doen. Integendeel zelfs, hoe minder we doen, hoe incompetenter we worden. Het is het veranderingsvermogen van anderen dat ons in de toestand 'onbewust incompetent' brengt. Hoe groter dit vermogen, hoe sneller we evolueren van de toestand 'onbewust competent' naar 'onbewust incompetent'.

Medewerkers worden 'onbewust incompetent' doordat bedrijfsprocessen verouderd raken zonder dat ze het zelf beseffen. Managers worden 'onbewust incompetent' doordat andere bedrijven door een beter management competitiever worden. In beide gevallen worden ze incompetent omdat ze de veranderingen niet waarnemen of gewoonweg niet op de hoogte zijn van de veranderingen.

Het visievermogen

Welk vermogen brengt ons van 'onbewust incompetent' naar 'bewust incompetent'?

Het is het vermogen om de veranderingen op de markt te zien dat ons 'bewust' maakt. Zien we dit niet, dan blijven we onbewust incompetent tot de 'wet van Darwin' onverbiddelijk toeslaat en ons uit de markt verwijdert. Zelfs dan begrijpen we het niet altijd.

Medewerkers worden bewust als ze merken dat ze niet meer beschikken over de vaardigheden, de kennis of het gedrag om hun functie te kunnen uitvoeren. Het is meestal de klant die het 'oranje licht' in de hersenen laat branden. Managers worden zich soms bewust van hun incompetentie als ze merken dat de winstcijfers naar omlaag tuimelen. Het zijn meestal de eigenaars die bij hen het 'oranje licht' laat branden.

Spijtig genoeg is het vermogen om het te zien niet meer voldoende om bij te blijven op de markt. Dit wordt verklaard door de 'doorlooptijd' tussen het zien en het competent worden. Is deze tijd te lang, dan zijn medewerkers en managers reeds terug onbewust incompetent voordat het zien 'iets' heeft opgebracht. De veranderingen op de markt volgen zich zo snel op dat we meer nodig hebben dan alleen 'zichtvermogen'.

We hebben het vermogen nodig om een visie te hebben. Het is dit 'visievermogen' dat enorm belangrijk wordt. Het duidt voor ons op het bezitten van de mogelijkheid om toekomstige incompetenties te voorzien voordat ze zich voordoen. Bezit je dit vermogen, dan krijg je meer tijd om competent te worden. Dan moet je niet wachten om te zien hoe de markt evolueert, maar dan creëer je zelf kansen om te markt te veranderen. Je krijgt de kans om anderen met 'alleen' een zichtvermogen, voor te zijn.

Het leervermogen

Welk vermogen brengt ons van 'bewust incompetent' naar 'bewust competent'?

Eens we bewust zijn van onze incompetentie kunnen we gaan nadenken over hoe we het snelst competent kunnen worden. Het vermogen dat dit mogelijk maakt kunnen we het leervermogen noemen. Het is het vermogen dat we bezitten om onze vaardigheden, onze kennis en ons gedrag aan te passen. Hebben we geen leervermogen, dan blijft de motor stilstaan op de toestand 'bewust incompetent'.

Het hertekenen van de leerprocessen dient één van de belangrijkste sleutelvaardigheden te worden voor diensten die verantwoordelijk zijn voor het leren in organisaties.

Het veranderingsvermogen

Welk vermogen brengt ons van 'bewust competent' naar 'onbewust competent'?

Het vermogen om te veranderen brengt de motor in zijn laatste positie. Een positie die weer tijdelijk is omdat de markt vermoedelijk weer klaar staat om ons terug onbewust incompetent te maken.

Enkel als we het geleerde veelvuldig gebruiken en veranderingen introduceren, kunnen we zo competent worden dat we het zelf niet meer beseffen. Het is dit veranderingsvermogen dat ons niet enkel onbewust maakt van onze competenties, maar er eveneens voor zorgt dat we onze diensten en producten kunnen veranderen.

Terug 'competence management'

Als we de ontwikkeling van de competenties in een stroomversnelling wensen te brengen, dan moeten we ervoor te zorgen dat het vermogen naar cilinders 2, 3 en 4 toeneemt. Gebeurt dit niet, dan blijft het bedrijf te lang onbewust incompetent. Met alle gevolgen van dien.

Het vermogen geleverd in de vorm van visie-, leer- en veranderingsvermogen is eigen aan de bedrijfscultuur. Dit in tegenstelling tot het marktvermogen dat vreemd is aan de bedrijfscultuur.

Het management speelt een cruciale rol in de verhoging van deze 'eigen' vermogens. Andermaal komen enkele essentiële managementvaardigheden naar voor die we samenvatten onder de term competence management.

- Het visievermogen van medewerkers kunnen we 'enkel' verhogen indien we hen leiden. Als we hen bewust maken van de noodzaak voor verandering vertrekkende van een bewustwording voor de continu veranderende omgeving. Als we er ook nog in slagen om een toekomstbeeld voor de organisatie te schetsen, dan zijn we aan het leiden. Het eerste werkwoord van 'competence management' duikt dus opnieuw op: **'to lead'**. Zonder deze managementvaardigheid blijft de motor te lang staan in de toestand 'onbewust incompetent'. Door te leiden kan het management erin slagen aan te geven wat vereist is.

- Het leervermogen van medewerkers kunnen we 'enkel' verhogen als we hen coachen. Vertrekkende van de bewustwording rondom de toekomst van het bedrijf dienen we hun leervermogen te verhogen door hen te coachen. Hen begeleiden in het veranderingsproces van incompetent naar competent. Het tweede werkwoord van 'competence management' komt dus eveneens aan de orde: '**to coach**'. Door coaching werken we aan de kundigheden van medewerkers.
- Het veranderingsvermogen van medewerkers kunnen we 'enkel' verhogen als we hen in de gelegenheid stellen om het leervermogen in de 'praktijk' te gebruiken. Delegatie en empowerment dient het reeds aanwezige 'self-empowerment' te versterken. Het derde werkwoord van 'competence management' sluit daarmee het rijtje af: '**to empower**'.

Indien we als managers wensen in te grijpen om het veranderingsvermogen te verhogen, dan is het belangrijk dat we bovenstaande processen beter begrijpen. Enkel dan kunnen we gerichte acties ondernemen om het leervermogen en het veranderingsvermogen te verhogen. Slechts dan kunnen we de werkwoorden 'to lead', 'to coach' en 'to empower' op een betere manier invullen.

Lerende organisaties, de batterijladers van competente medewerkers

Slechts weinigen blijken in te zien dat de combinatie van de twee woorden, *lerende* en *organisatie,* een veel complexere organisatievorm omschrijft dan de twee woorden apart doen vermoeden.

Het is bijvoorbeeld niet door alleen in opleidingen te investeren dat je een 'lerende organisatie' wordt. De vrije vertalingen zijn zo veelvuldig en uitéénlopend dat de meeste medewerkers en managers er geen blijf meer mee weten. Zelfs ervaren consultants en sprekers slagen er niet altijd in om de 'lerende organisatie' te kaderen. Zeer dikwijls missen ze de nodige achtergrondkennis omdat ze noch de lerende kracht van dit soort samenwerking zelf hebben meegemaakt, noch de moeilijkheden kennen om te groeien naar een lerende organisatie.

De evolutie van een niet-lerende naar een lerende organisatie is zeer, zeer moeilijk, omdat de niet-lerende organisatie... niet leert. En dit is nu juist de belangrijkste voorwaarde om te kunnen evolueren. Deze vicieuze cirkel kan enkel doorbroken worden indien de rol van het management in de bedrijfscultuur, waarvoor zij uiteindelijk verantwoordelijk is, fundamenteel verandert. Nieuwe management-kennis, management-vaardigheden en management-gedrag zijn nodig om deze evolutie mogelijk te maken. Opnieuw komen we terecht bij 'competence management'.

Enkel indien een voldoende aantal 'technische managers' kan overtuigd worden van de noodzaak voor 'competence management' kan de organisatie starten met haar evolutie naar een lerende organisatie.

4

Het visievermogen

Visievermogen brengt ons ...

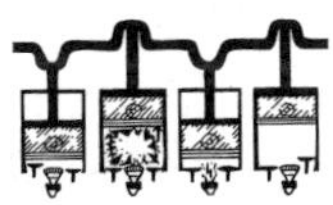

... naar Bewust Incompetent

Wensen we onze competentie te ontwikkelen, dan moeten we in de eerste plaats werken aan ons zicht- en visievermogen. Enkel als we erin slagen om dit vermogen te vergroten, kunnen we onszelf ontwikkelen van onbewust incompetent naar bewust incompetent. Zonder dit vermogen is het onmogelijk dat onze 'persoonlijke' ontwikkelingsmotor start. In dit hoofdstuk gaan we op zoek naar enkele elementen die een invloed hebben op de grootte van dit vermogen. Wat beperkt ons zichtvermogen en hoe kunnen we ervoor zorgen dat we een klaardere kijk krijgen?

1 De paradox van onze hersenen

Paradigma's laten ons overleven

Paradigma's zijn automatismen die we ontwikkelen tijdens ons leven. Ze helpen ons om routinematig te reageren op gebeurtenissen in onze omgeving of om bepaalde werkzaamheden routinematig uit te voeren. Zonder deze paradigma's is het bijna onmogelijk om te overleven. Denk maar eens aan de automatismen die we opbouwen om auto te rijden of de vaardigheden die we ontwikkelen om te communiceren. Of het gedrag dat we vertonen als we geconfronteerd worden met moeilijke situaties.

Gans ons leven ontwikkelen we paradigma's om te kunnen overleven. Telkens wanneer we geconfronteerd worden met nieuwe situaties voelen we ons onzeker, omdat we niet kunnen terugvallen op een routine of een paradigma. Pas als we een nieuw, bruikbaar paradigma ontwikkeld hebben, voelen we ons op ons gemak.

Net zoals de kennis van de spieren ons kan helpen om ons te ontwikkelen tot een beter sportman, zal een betere kennis over de werking van onze hersenen ons helpen om onze competenties sneller te ontwikkelen. Het is deze kennis die ons eveneens een beter inzicht zal geven in onze weerstand tegen verandering.

Het neuron als basisbouwsteen

De neuronen zijn de bouwstenen van de hersenen. Deze neuronen 'bevatten' informatie. Wetenschappers kunnen de werking van neuronen nog niet volledig verklaren, maar hun onderzoek levert toch een boeiende kijk op hetgeen achter onze ogen gebeurt.

Hierboven zie je neuronen verwikkeld in een informatief samenspel. De mogelijke verbindingen tussen de verschillende neuronen maken van onze hersenen een instrument waarvan we nu pas de mogelijkheden beginnen te begrijpen.

Onze hersenen bevatten gemiddeld 200.000.000.000 neuronen. Als een neuron de afmeting moest hebben van een zandkorrel dan kunnen we met onze hersenen een vrachtwagen vullen. Het is echter niet de hoeveelheid die van belang is, maar wel het aantal verbindingen of associaties die deze neuronen kunnen maken. Eén neuron is in staat om, via een soort van tentakels, 60.000 verbindingen te maken met andere neuronen. Deze gemaakte associaties vormen het fundament van ons denken. Het is het opzetten van nieuwe verbindingen die ons de mogelijkheid geeft om te leren, om ons continu aan te passen aan de omgeving.

De mogelijkheden van de hersenen worden pas fenomenaal als we de werking van alle neuronen in zijn geheel bekijken. Dit neuraal netwerk is in staat om 10^{800} mogelijke verbindingen op te zetten. Dit is een 10 gevolgd door 800 nullen.

Als we denken, resulteert dit in ongeveer 100.000 chemische reacties per seconde in onze hersenen. Dit is een gevolg van het wisselen van neuron-tentakeltjes en het gebruiken van reeds opgestelde verbindingen.

De geboorte van een paradigma ...

Wat nu volgt is een vrije vertaling uit "The Mindmap Book" van Tony Buzan. Het beschrijft op een visuele manier de manier waarop paradigma's tot stand komen.

"Elke keer als je aan iets denkt wordt de biochemische/electrische weerstand langs het pad dat de gedachte aflegt kleiner. Het is hetzelfde als een pad vrijmaken in een oerwoud. De eerste keer is het een strijd tegen de planten. De

tweede keer is het wat makkelijker omdat je kan profiteren van het reeds geleverde werk. Telkens je het pad opnieuw gebruikt wordt de weerstand kleiner en kleiner totdat je, na vele herhalingen, beschikt over een echt pad. Een pad waarover je je kan bewegen zonder dat je nog weerstand ondervindt.

Een soortgelijk proces gebeurt in je hersenen. Des te meer je op een zelfde manier denkt en handelt, des te minder 'hersenweerstand' ga je ondervinden. Belangrijk om te beseffen is dat je makkelijker gebruik gaat maken van reeds getrokken paden waardoor het moeilijker wordt om 'anders' te gaan denken. Sommige mensen beschikken over autostrades waarover ze zich zo snel bewegen dat ze hun omgeving bijna niet meer waarnemen. Hun paradigma's zijn DE paradigma's"

Het vorige geeft een verklaring over het ontstaan van paradigma's. Ieder van ons bouwt zijn eigen set van gewoontes, denkkaders en automatismen op. Deze zijn gebaseerd op eigen ervaringen en waarnemingen. Het zijn deze persoonlijke paradigma's die ons allen uniek maken. Zelfs indien we 'gekloond' worden, zal ieder van ons een eigen, uniek denkproces ontwikkelen. Ieder van ons zal op een specifieke manier reageren op zijn omgeving of bepaalde handelingen uitvoeren.

We dienen ons bewust te zijn van dit proces in onze hersenen. Informatie kan hierbij gezien worden als de grondstof voor het trekken van nieuwe paden doorheen onze hersenen. Het is een immateriële grondstof. Zonder deze grondstof is het onmogelijk om nieuwe paradigma's op te bouwen.

Paradigma's bedreigen ons voortbestaan

Wat ons meer en meer begint te boeien is weerstand tegen verandering. Wat is de oorzaak? Hoe komt het dat het soms moeilijker is om oude gewoontes of paradigma's af te leren dan er nieuwe te verwerven.

Joel Barker stelt in zijn videoreeks "paradigma's en de toekomst", dat het voor sommige mensen bijna fysisch onmogelijk is om anders te gaan denken. Telkens opnieuw gebruiken ze dezelfde paradigma's of denkkaders om de wereld te bekijken of hun werk uit te voeren. Nooit komt het in hen op dat ze wel eens "onbewust incompetent" zouden kunnen zijn. Dat de mentale paden die ze bewandelen niet meer voldoen om in te spelen op hun nieuwe omgeving.

Het is het veelvuldig gebruik van dezelfde paradigma's dat ervoor zorgt dat de paden door onze hersenen vastgeroest raken. De neuronen zijn niet meer in staat om elkaar los te laten. De paradigmale verstrengeling is zo sterk dat we gewoon niet anders meer kunnen denken. Waarom zouden we de makkelijk bewandelbare paden wisselen voor een expeditie door het onbekende oerwoud?

Dit mechanisme kunnen we beschouwen als het ultieme selectiemechanisme van Darwin. De opgebouwde paradigma's kunnen zo sterk zijn dat we de veranderingen en de nieuwe informatie in onze omgeving niet meer kunnen waarnemen of verwerken. Door het niet verwerken van de nieuwe beschikbare informatie, passen we onze paradigma's niet meer aan, zodat we na verloop van tijd onbewust incompetent worden. We komen in een toestand waarbij onze kennis, vaardigheden en gedrag onvoldoende ontwikkeld zijn. Onze routines en automatismen voldoen niet meer om te kunnen overleven in de veranderde omgeving.

Dit laatste is de paradox waarvoor onze hersenen ons plaatsen. Hoe kan het zijn dat onze hersenen, die een enorm potentieel in zich dragen, er toch voor kunnen zorgen dat we onze competenties kunnen bevriezen in een bepaalde toestand?

2 De hersenen als zoeklicht op de omgeving

Paradigma's zijn automatismen die we ontwikkelen tijdens ons leven. Ze stellen ons in staat om snel en effectief te reageren op onze omgeving... op voorwaarde dat de omgeving niet te snel verandert. En dit laatste is niet meer het geval. De snel veranderende omgeving verplicht onze hersenen nieuwe paden te exploreren en te gebruiken. Mensen die in staat zijn om zichzelf levenslang te ontwikkelen, passen zich continu aan. Ze stellen bestaande paradigma's in vraag en verbruiken informatie als immateriële grondstof om nieuwe paden te trekken. Het zijn ontdekkingsreizigers op zoek naar de juiste paradigma's. Ze zien informatie als een opportuniteit om nieuwe onontdekte gebieden te exploreren.

Zichtvermogen

Proust schreef ooit: "Een echte ontdekkingsreis bestaat niet uit het ontdekken van nieuwe gebieden, maar het beschouwen met nieuwe ogen". Het is deze vaardigheid om de dingen eens anders te gaan bekijken die de basis vormt van het zichtvermogen. Zonder deze vaardigheid blijven we alles doen zoals we altijd al gedaan hebben.

Het zichtvermogen zouden we kunnen definiëren als de kundigheid die iemand bezit om zijn paradigma's in vraag te stellen in functie van de steeds sneller veranderende omgeving. Het is het vermogen om je omgeving paradigmadoorbrekend waar te nemen.

Visievermogen

De wereld om ons heen verandert zo snel dat het bezitten van een zichtvermogen alleen niet meer voldoende is. Meer en meer dienen we ons een beeld te vormen over de toekomst. Het is deze kundigheid die ons zal helpen onze competentie toekomstgericht te ontwikkelen. Mensen die deze vaardigheid bezitten zijn de anderen steeds een stapje voor.

Het visievermogen zouden we kunnen definiëren als een intuïtief, paradigmadoorbrekend mentaal beeld op de toekomst.

Het beeld is steeds intuïtief omdat we niet over alle gegevens beschikken. Mensen met een goed visievermogen slagen er meestal in om een goede inschatting te geven van de toekomstige ontwikkelingen. Ze kijken hiervoor naar de huidige trends en gebruiken deze informatie om hun visie op de toekomst te ontwikkelen.

'Self Leadership'

Mensen met een hoge mate van zelfleiderschap brengen een persoonlijke noot in hun visie op de toekomst. Gebaseerd op de mogelijke trends trachten ze een persoonlijk toekomstbeeld op te bouwen. Hun drang tot creatie is zo groot dat ze een visievermogen ontwikkelen dat ingekleurd wordt door hun eigen scheppingsdrang.

5

Het leervermogen

Leervermogen brengt ons …

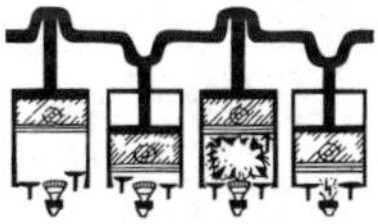

… naar Bewust Competent

Mensen met een groot visievermogen zijn in staat om te breken met hun huidige paradigma's. Ze breken als het ware met datgene wat ze hebben geleerd. In dit hoofdstuk zoemen we in op ons leervermogen. Wat maakt dat we evolueren van bewust incompetent naar bewust competent? Wat drijft ons om de informatie om ons heen te gebruiken bij de ontwikkeling van nieuwe kundigheden?

1 De hersenen als een levenslange bouwwerf

Als het visievermogen ons de mogelijkheid geeft om onze paradigma's in vraag te stellen, dan levert het leervermogen ons de mogelijkheid om er nieuwe op te bouwen. Het is dit continu proces van slopen en opbouwen dat we kunnen definiëren als levenslang leren. Mensen die met plezier dit leergedrag ontwikkelen of bezitten horen thuis in het informatietijdperk. Voor hen wordt informatie even levensbelangrijk als zuurstof en water.

Drie waardevolle kamers

Door te leren, ontwikkelen we nieuwe kundigheden die het mogelijk maken om in te spelen op onze nieuwe omgeving. Zowel het leerproces als de kundigheden kunnen we verdelen in drie grote 'hersenkamers'. Elke kamer is bij mensen die zich continu wensen te ontwikkelen een kleine bouwwerf.

Het is de ontwikkeling van deze kamers die onze waarde als 'human resources' bepaalt. Of het nu in een bedrijf is, of in een gezin, of tijdens het uitoefenen van onze hobby's, telkens worden we direct of indirect gewaardeerd door onze omgeving op de inhoud van deze fictieve kamers.

Opleiding ontwikkelt de kenniskamer

Kennis laat toe om op een snelle manier antwoord te geven op 'eenvoudige' vragen. Indien we de informatie die op ons afkomt onthouden, dan werken we aan onze kennis-paradigma's of kennis-paden.

We kunnen de kennis eveneens gebruiken om kennis op te zoeken. Het is deze laatste 'zoek-kennis' die steeds belangrijker wordt in een maatschappij die zoveel informatie genereert. Onthouden wordt niet enkel onbegonnen werk, maar kan te dikwijls gezien worden als 'verkwisting' van ons geheugen en onze beschikbare leertijd.

Training ontwikkelt de vaardigheidskamer

Vaardigheden ondersteunen ons bij theoretische of praktische oefeningen. Deze paradigma's geven ons de mogelijkheid om, via ingeoefende patronen of automatismen, snel en doeltreffend in te spelen op een hele waaier van opdrachten. We denken bijvoorbeeld aan fietsen, communiceren, leiding geven, leren (is ook een automatisme), oplossen van conflicten, enz...

Het aanleren van vaardigheden vraagt een ander leerproces dan bij het opbouwen van kennis. We noemen dit proces trainen. Door herhalend te oefenen bakken we de vaardigheidsparadigma's vast in onze hersenen.

Vorming ontwikkelt de gedragskamer

Gedrag geeft ons de mogelijkheid om te gaan met meer emotionele situaties. Deze paradigma's laten zich veel moeilijker veranderen dan bijvoorbeeld kennis of vaardigheden. Dit zorgt ervoor dat we naar onze omgeving toe een vrij stabiele indruk geven. Moest dit niet het geval zijn dan zou leven in een groep onmogelijk worden. Mensen hebben het immers zeer moeilijk met wispelturig gedrag.

Als we praten over wijzigen van gedragsparadigma's dan hebben we het over het vormen van mensen. Dit laatste is een veel ingrijpender en moeizamer proces waarbij veel beroep gedaan wordt op het zichtvermogen van mensen. Gedragsparadigma's zijn dan ook de paradigma's waaraan het langst werd gewerkt. Het startte op het moment dat we het eerste licht waarnamen en misschien zelfs vroeger.

Overlevingsgericht leren

Deze manier van leren is zeer reactief. Het gebeurt op het moment dat we zien dat onze omgeving zodanig is veranderd dat we een gevoel van onveiligheid krijgen. We beseffen, dat indien we onze paradigma's niet wijzigen, we onmogelijk de noodzakelijke kundigheden kunnen ontwikkelen om te overleven.

Als mens kunnen we op twee manieren reageren. Ofwel gaan we op zoek naar een omgeving waarin we verder kunnen met de kundigheden waarover we beschikken, ofwel ontwikkelen we onze kundigheden totdat we opnieuw een veilig gevoel bezitten. Het eerste kan een vorm zijn van vluchtgedrag of het resultaat van een zeer afgewogen keuze. Een keuze die bijvoorbeeld gebaseerd kan zijn op onze leermogelijkheden of interesses.

Bij overlevingsgericht leren is het de noodzaak om ons aan te passen aan een veranderende omgeving die ons leergedrag bepaalt.

Overleveringsgericht leren

Hier stuurt een innerlijke drang om iets na te laten ons leerproces. Iets door te geven aan diegenen die achter ons komen. De ontwikkeling van de drie kamers gebeurt om ons toe te laten iets te realiseren, niet om te overleven. Het is deze drang tot zelfrealisatie die Maslow plaatst aan de top van zijn hiërarchie van menselijke behoeften.

Mensen met een grote drang tot overlevering vullen hun zichtvermogen en visievermogen anders in dan mensen die 'enkel' wensen te overleven.

Overlevingsgerichte mensen stellen zich tevreden als ze de bedreigingen zien en zich een beeld kunnen vormen van toekomstige bedreigingen. Mensen met een sterke overleveringsdrang daarentegen creëren een persoonlijke visie op de toekomst. Het is meestal een toekomst die ze zelf wensen te realiseren. Het zichtvermogen van deze mensen is zodanig ingesteld dat ze steeds op zoek zijn naar middelen om hun eigen toekomst te bepalen. Hun leergedrag is zeer doelgericht en wordt gestuurd door een sterke aanwezigheid van zelfleiderschap.

Het informatietijdperk wordt voor hen een gouden tijd omdat de basisgrondstof voor de ontwikkeling van hun drie kamers in overvloed aanwezig is. Voor diegenen met overlevingsdrang wordt het een tijd van continu achtervolgen. Zij zijn gedoemd om diegenen met een grote overleveringsdrang te volgen. Best dat ze hier plezier in krijgen.

De kennismaatschappij zal gekenmerkt worden door een toename van zowel overlevingsgericht leren als overleveringsgericht leren. Zowel de maatschappij als geheel, als de bedrijven, dienen op zoek te gaan naar de juiste leerprocessen die inspelen op het leergedrag van mensen die sterk gemotiveerd zijn om te overleven en/of te overleveren.

VEEL MENSEN DIE GEWOON WILLEN OVERLEVEN,
ZIJN OVER GELEVERD AAN MENSEN
DIE WILLEN OVERLEVEREN.

2 Leerspanning, de infodruk op onze hersenen

Levensverwachtingen, de onverklaarbare drijfveer

Wat maakt dat mensen een overleveringsgericht ontwikkelingsgedrag ontwikkelen? Het is een zeer boeiende vraag en daarbij één van de grootste mysteries van het leven. Tal van onderzoekers en filosofen houden zich bezig met onderzoek op dit gebied. Ook zijzelf worden gedreven door een niet loslatend zoekwerk en streven naar iets dat kan worden overgeleverd.

Overleveringsgerichte mensen verwachten iets van het leven. Het zijn deze levensverwachtingen die hen sturen in hun ontwikkeling. Afhankelijk van de verschillende levensverwachtingen worden kundigheden ontwikkeld om een rol te spelen in drie mogelijke omgevingen. Alle drie zijn ze onderhevig aan verandering en alle drie vragen ze om een continue ontwikkeling van de vereiste kundigheden.

Werk

Dit zijn verwachtingen die we koesteren op professioneel vlak. Mensen die zich overleveringsgericht ontwikkelen zijn diegenen die steeds op zoek zijn naar nieuwe of verbeterde producten en diensten of bijvoorbeeld vernieuwing van de bedrijfsprocessen. Ze ontwikkelen doelgericht hun competenties om een significante rol te kunnen spelen in het bedrijfsgebeuren.

Overlevingsgerichte mensen zien wat er gebeurt en zorgen ervoor dat ze hun kundigheden ontwikkelen in functie van de veranderingen in het bedrijf.

Gezin

Dit zijn de verwachtingen die we koesteren op familiaal vlak. Mensen die zichzelf overleveringsgericht ontwikkelen hechten veel aandacht aan kinderen. Zij willen letterlijk en figuurlijk iets nalaten.

Mensen die overlevingsgericht leren, zien de veranderingen in het gezin en ontwikkelen zich om een plaats te behouden in het gezin.

Vrije tijd

Dit zijn de verwachtingen die we koesteren voor onze vrijetijdsactiviteiten. Overleveringsgerichte mensen hebben ook hier een sterke drang tot zelfrealisatie. Zo willen ze bijvoorbeeld sportprestaties neerzetten waar men nog jaren over praat. Overlevingsgerichte mensen hebben deze drang niet en ontwikkelen zichzelf op een manier die hen toelaat gewoon deel te nemen.

Het leven is natuurlijk veel complexer dan bovenstaande opsplitsing laat vermoeden. Bedoeling was enkel om een idee te geven over de mogelijke drijfveren achter ons leerproces. We zijn ervan overtuigd dat we onze inspanningen verdelen over de verschillende omgevingen en steeds op zoek zijn naar een evenwicht. Soms zijn we overlevingsgericht op het werk en overleveringsgericht in ons gezin of omgekeerd. Soms proberen we een evenwicht te vinden op alle domeinen. Gelukkig zijn diegenen die voor zichzelf en hun omgeving tot een evenwichtige balans komen.

Het 'hert' zorgt voor de noodzakelijke leerspanning

Zoals het hart zorgt voor een continue en onmisbare stroom van zuurstof naar de spieren, moet er een immaterieel orgaan bestaan dat zorgt voor een continue stroom van informatie naar en door de hersenen. Het is dit laatste orgaan dat ervoor zorgt dat we nieuwe paradigma's of kundigheden ontwikkelen.

We nemen hier de literaire vrijheid om dit immaterieel orgaan, dat verantwoordelijk is voor de circulatie van informatie, de naam 'hert' te geven. En dit als samenvoeging van **he**rsenen met ha**rt**. De spanning die dit orgaan levert om te leren, noemen we 'leerspanning'.

Om het woord leermotivatie thuis te brengen in dit geheel kan je stellen dat een hoge leermotivatie, een hoge leerspanning, of leergierigheid, tot gevolg kan hebben. Leerspanning is een meer fysisch begrip, leermotivatie een meer gedragsmatig begrip.

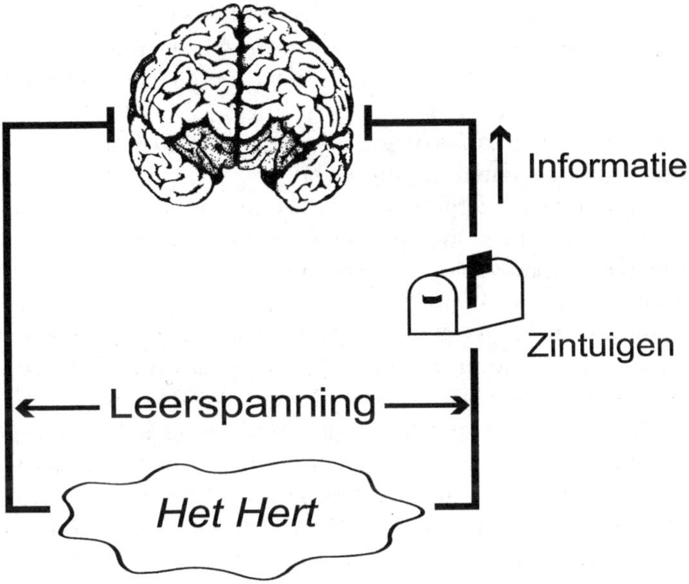

Het proces dat verantwoordelijk is voor het functioneren van het hert is misschien niet zo tastbaar als dat van het hart, maar de gevolgen van een slecht hert zijn funest voor het zicht- en leervermogen. Zonder een goed functionerend hert is het onmogelijk om informatie die beschikbaar is langs de zintuigen te verwerken tot nieuwe kundigheden.

Overlevingsdrang stimuleert het hert

Het hert is zeer sterk aanwezig tijdens onze kinderjaren waar we in een recordtempo leren lopen, luisteren, praten, eten, interpreteren, manipuleren,... Stuk voor stuk zijn het paradigma's of automatismen die we verder opbouwen of toevoegen aan diegene die we, op een nog onverklaarbare genetische manier, als basispakket hebben meegekregen.

We hebben deze automatismen nodig om snel en automatisch op onze omgeving te kunnen reageren. Het zijn deze automatismen die voor 'ons' de inkomende informatie bijna automatisch verwerken en ons doen reageren op een bijna voorgeprogrammeerde manier.

Rode draad door dit alles is de drang om te overleven. Zonder het opbouwen van deze snelle automatismen zou het immers onmogelijk zijn om te overleven. Onze reactiesnelheid zou niet snel genoeg zijn om alert te kunnen reageren op onze omgeving.

Telkens wanneer onze omgeving op een zodanige manier verandert dat onze automatismen niet meer voldoen om te overleven, treedt het hert in werking. Het zorgt ervoor dat we nieuwe informatie, die vanuit onze veranderde omgeving op ons toekomt, gebruiken om nieuwe automatismen op te bouwen of bestaande te veranderen.

Mensen die bruusk van omgeving of beroep moeten veranderen zijn misschien wel de beste getuigen voor dit proces. Enkel diegenen met een goed werkend hert kunnen zich snel genoeg aanpassen aan de nieuwe omgeving. Dit gebeurde zeer dikwijls met enkel de drang om te overleven voor ogen. Hoe acuter het gevaar, hoe sneller het hert reageert en hoe ingrijpender onze automatismen wijzigen. Overlevingsdrang in de meest ruime betekenis is hier de belangrijkste drijfveer.

De verschillende automatismen worden verder opgebouwd telkens informatie langs onze zintuigen binnenkomt. Het leerproces gaat continu en onvermoeibaar door. Veranderingen in kennis, vaardigheden en gedrag zijn merkbare resultaten van dit leerproces.

Alle automatismen zijn belangrijk om als mens onze plaats in de maatschappij te kunnen innemen. Verandert de maatschappij, dan wijzigen we onze automatismen met een snelheid die recht evenredig is met de snelheid van de verandering. Als onze omgeving niet meer verandert en onze automatismen zijn aangepast, dan verlaagt de activiteit van ons hert. De uitdaging is weg, de automatismen zijn aangepast. Het leven kan weer zijn normale gang gaan. Het gevaar is geweken. We kunnen terug overleven.

Het hert komt tegemoet aan onze levensverwachtingen

Overlevingsdrang alleen echter verklaart niet altijd onze leerspanning op latere leeftijd. Dit kan enkel verklaard worden als bijkomende impulsen het hert actief houden.

De levenskundige reactie

Vermoedelijk ontstaat er, op een bepaald moment in ons leven, een onverklaarbare levenskundige reactie tussen onze kennis, vaardigheden en gedrag. Op dat moment gaan we niet enkel automatismen of paradigma's opbouwen om te overleven, maar beginnen we eveneens te dromen over de toekomst.

We kijken verder dan vandaag, houden rekening met onze huidige en toekomstige mogelijkheden en beginnen voor onszelf levensverwachtingen in te vullen. Alsof we plotseling beseffen dat we tot meer in staat zijn dan alleen te overleven.

Het is hier dat we geconfronteerd worden met de scheppingsdrang van de mens. De realisatiedrang, de wil om iets te realiseren waar we zelf naar kunnen opkijken. Ons hele leven wordt gestuurd door uitdagingen waar we onszelf achter zetten of kunnen achter zetten. Deze vrijwillige intrinsieke motivatie is de noodzakelijke impuls om ons 'hert' actief te houden. De voorwaarde om voldoende leerspanning te verwekken die ons laat leren.

Levensverwachtingen zijn zeer persoonlijk

Iedereen creëert zijn eigen levensverwachtingen. Ze verschillen voor ons allen wat betreft inhoud, grootsheid, goedheid (of slechtheid) en alles waar je ook maar aan kan denken. Met gezin, zonder gezin. Met 'een baksteen in de maag' of 'een vliegtuigticket in de hand'. Het is deze verscheidenheid die ons als mensen zo typeert. Het is de mogelijkheid om te dromen over levensverwachtingen die ons plaatst op een hogere trede in de ontwikkeling van al het levende.

Levensverwachtingen zijn misschien wel de meest intieme gedachten die we bezitten. Diegene die je zelden met iemand deelt, omdat ze misschien ongrijpbaar zijn. Belachelijk? We zijn ervan overtuigd dat het de, soms hoge, levensverwachtingen zijn die in ieder van ons schuilen die de echte drijfveer vormen achter ons leren.

Het is belangrijk dat we onze levensverwachtingen duidelijk kunnen formuleren. Niet alleen voor onszelf, maar ook voor onze omgeving. Het leerproces start slechts indien we onze levensverwachtingen kunnen vertalen naar een uitdagende en realistische levensvisie. Een zelfsturende visie die slechts realiteit wordt indien we strategisch beginnen te denken. Wat eerst? Wat dan? Op welke manier? Met welke middelen? Ten koste van wat?

Levensverwachtingen veranderen continu

Uitdagende en realiseerbare levensverwachtingen hebben tot gevolg dat het hert optimaal functioneert. De door het hert opgewekte leerspanning zorgt ervoor dat ons leerproces onze automatismen optimaal afstemt op de te bereiken doelen. Zowel kennis, vaardigheden en gedrag groeien in de richting van de vooropgestelde einddoelen.

En hier begint de miserie voor onze omgeving. Levensverwachtingen zijn het resultaat van een levenskundige reactie tussen kennis, vaardigheden en gedrag. Het is dus logisch dat onze levensverwachtingen mee evolueren met de evolutie van onze automatismen en paradigma's.

Voor onze soms niet begrijpende omgeving kan dit zeer verwarrend overkomen. Denk maar eens aan de uitspraak: "Hij weet niet wat hij wil". Het is echter belangrijk dat we het verschil opmerken tussen mensen die niet weten wat ze willen en mensen die weten wat ze willen en juist daardoor doelgericht hun levensverwachtingen aanpassen. Als je deze mensen vraagt waarom ze hun levensverwachtingen veranderen, dan krijg je meestal een zeer inspirerend en weloverwogen antwoord.

Mensen met duidelijke levensverwachtingen zijn eerder 'wispelturig'. Mensen zonder duidelijke levensverwachtingen zijn eerder voorspelbaar.

Verandering van levensverwachtingen heeft automatisch een gevolg op ons hert. Er wordt namelijk een andere filter geplaatst tussen de op ons afkomende informatie en onze automatismen. Hierdoor ontwikkelen we onze kennis, vaardigheden en gedrag in andere richtingen. Afhankelijk van de grootte van de veranderingen kan dit zelfs minder of meer merkbare aanpassingen in ons gedrag tot gevolg hebben. Het kan zelfs zover gaan dat we ons niet meer thuis voelen in de omgeving waar we altijd in gewerkt en gewoond hebben.

Sturende levensverwachtingen ontstaan langzaam

Levensverwachtingen ontstaan niet als een bruusk proces, maar als een proces waar jaren overheen gaan en waarbij de levensverwachtingen steeds beter en beter omlijnd worden.

We merken dit duidelijk als we kinderen vragen wat ze later willen worden. Laat ze hun fantasie en wispelturigheid. Hun kennis, vaardigheden en gedrag zijn immers nog niet sterk genoeg gevormd om duidelijke en stabiele levensverwachtingen te kunnen formuleren.

Wat bij kinderen zeer goed merkbaar is, is het zoeken naar voorbeelden. Vermoedelijk is dit eveneens één van de meest sturende elementen in het vinden van onze levensverwachtingen. Kinderen zoeken voorbeelden en vertalen dit in hun levensverwachtingen. Dit gebeurt meestal onbewust, maar is zeer duidelijk merkbaar op latere leeftijd.

COMA, het hert is het noorden kwijt

Het bovenstaande verhaal over het hert en de 'leerspanning' is een leidraad om leerprocessen bij mensen beter te begrijpen. Het is geen wetenschappelijke verklaring maar het is een paradigma over leren. Het helpt om intuïtief, zonder exacte bewijskracht, leerprocessen bij te sturen.

Opleidingsprojecten die niet de verwachte resultaten opleveren vertonen allemaal dezelfde fout: de overtreding van de regel dat het individu zelf zijn leerspanning bepaalt. Noch de vorm, noch de inhoud van de opleiding doen het. Leerspanningen kunnen we niet kunstmatig opwekken. Zij komen vanzelf. Respecteren we deze regel, dan treedt het hert in werking met een ongelooflijke doeltreffendheid en snelheid.

Moeten we echter informatie verwerken zonder overtuigd te zijn dat de informatie ons helpt bij de realisatie van onze levensverwachtingen, dan zal ons hert niet voldoende leerspanning opwekken om op een efficiënte en effectieve manier te leren. Er stroomt dan geen informatie door onze hersenen.

Dit heeft tot gevolg dat ons hert niet enkel slecht wordt aangesproken, maar dat het leerautomatisme (het hert) zelf wordt afgebouwd. Niet gebruikte automatismen worden immers afgebouwd.

Company Malfunction

Reeds jaren vragen we ons af wat het verschil is tussen mensen die snel en graag leren en mensen die meer aan opleidingstoerisme doen dan aan leren. Telkens opnieuw kom je mensen tegen die niet de inhoud evalueren maar de vorm. Die geen vragen stellen, maar kritiek spuien. Die geen boek lezen omdat ze geen tijd hebben, maar wel naar het buitenland gaan voor een opleiding van een dag.

Het bovenstaande kan enkel verklaard worden als het hert, misschien wel het wonderbaarlijkste van al onze 'organen', onvoldoende wordt gebruikt. Daardoor wordt het afgebouwd tot een 'schijntje' van wat het was bij onze geboorte.

Het hert bevindt zich dan in een comateuze toestand waarbij onvoldoende leerspanning aanwezig is om nog op een effectieve manier te kunnen of willen leren. De hersenen vallen niet zonder zuurstof maar zonder informatie. De meest belangrijke informatie gaat aan ons voorbij zonder dat we ze gebruiken om onze automatismen op te bouwen of aan te passen.

Bedrijven die dit fenomeen niet onderkennen bij hun werknemers bevinden zich net als hun medewerkers in een 'COMA'. Deze toestand van 'COmpany MAlfunction' is dramatisch voor een bedrijf dat zich beweegt op een markt die continu in beweging is. Het leervermogen van de organisatie is beneden alle peil.

Gebrek aan levensverwachtingen

Misschien dienen we de eerste oorzaak voor een lage leerspanning te gaan zoeken in onszelf. Het is immers zeer goed mogelijk dat door een samenloop van omstandigheden er geen synergie ontstaat tussen kennis, vaardigheden en gedrag. Het ontbreekt ons dan aan levensverwachtingen, met als gevolg dat ons hert passief op de achtergrond blijft. De leerspanning blijft te laag om op een effectieve manier te gaan leren. We dagen onszelf niet genoeg uit om te leren.

Als volwassenen is het daarom belangrijk dat we steeds voldoende levensverwachtingen koesteren om continu te blijven leren. Onze omgeving dient ons hierin te sensibiliseren. De kans dat mensen zonder levensverwachtingen in een isolement geraken, is zeer groot.

Begrijp het niet verkeerd. Het is iedereen zijn volste recht om zich te 'settelen'. Iedereen heeft het recht om op een bepaald moment uit te 'rusten', te genieten zonder altijd gedreven te zijn door nieuwe en misschien nog uitdagender levensverwachtingen. Het is echter belangrijk om te beseffen dat je zonder nieuwe uitdagingen niet meer leert. Zorg er dan ook voor dat het gerealiseerde comfort voldoende is om niet meer verplicht te zijn om te leren.

Onervarenheid bij het opvoeden van kinderen

Belangrijk voor ouders is te beseffen dat ze in geval van lage leerspanning meer aandacht dienen te geven aan de levensverwachtingen van hun kinderen. Werk eerst aan de levensverwachtingen, eens deze zijn ingevuld op het niveau van het kind, komt het hert in actie.

Denk eraan dat levensverwachtingen evolueren, geef kinderen dan ook levensverwachtingen voor hun leeftijd. Hun eigen, volwassen levensverwachtingen zullen ze liever zelf uittekenen op het moment dat ze er zelf 'rijp' voor zijn.

Een fout die we regelmatig maken is, onze eigen levensverwachtingen doelbewust en niet aflatend overbrengen op onze kinderen. Dit kan lukken, maar meestal loopt dit funest af. Ieder van ons bouwt zijn kennis, vaardigheden en gedrag op, en dit op een unieke manier. Dit dient gerespecteerd en ondersteund te worden. Reeds op vroege leeftijd beginnen we onze kinderen te manipuleren in onze richting. De levensverwachtingen van het kind worden op negatieve manier beïnvloed. De kans is groot dat zich dat op tienerleeftijd wreekt in een totale 'degout'. Niet alleen ten opzichte van de ouders maar eveneens tegen het leren zelf.

Gelukkig zijn diegenen die uit eigen beweging uit deze impasse raken en hun leerproces alsnog op latere leeftijd kunnen aanvangen. Een goed hert kan de geleden achterstand op een vlotte manier inhalen.

Conflict met het 'schoolse'

Het onderwijs laat ons teveel leren op een onnatuurlijke manier, niet gedreven door de natuurlijke leerspanning van het hert.

Sommigen onder ons vullen hun levensverwachtingen reeds in op jeugdige leeftijd. Het zijn niet de zogenaamde strebers maar het zijn diegenen die zeer doelgericht en gemotiveerd leren. Het hert stuurt hun 0leergedrag.

De kans is groot dat deze mensen in conflict komen met het schoolse systeem omdat ze bewust merken dat het onderwijs niet voldoende rekening houdt met hun levensverwachtingen en dat de opgedrongen manier van leren eigenlijk niet is afgestemd op het studeren met een goed hert.

Het zijn de leerlingen met de moeilijke vragen. Waarom moeten we dit kennen? Kan je dat eens beter uitleggen? Voor sommige leraars zijn deze leerlingen 'a real pain in the ass'. Sommige leerlingen verliezen daardoor reeds vroeg hun levensverwachtingen en leerspanning.

Door deze nalatigheid zijn onderwijsinstellingen, bijgestaan door onderwijsdeskundigen, ertoe verplicht om terug te vallen op 'inslikmiddelen'. Toetsen, examens, rapporten en dreigementen moeten het hert op een kunstmatige manier stimuleren om onze kennis, vaardigheden en gedrag op te bouwen aan de hand van 'ingelepelde' informatie.

Een manier om uit deze impasse te raken is een onderwijsgedrag ontwikkelen dat inspeelt op de soms fantasierijke levensverwachtingen van de kinderen en tieners.

Plots ontwaken uit het 'schoolse'

Leren kan op zichzelf een doel worden. Een doel zonder doel. Het zijn diegenen die studeren, studeren en studeren zonder te weten waarom.

Het hert gaat misvormd worden omdat het alle informatie, en dit zonder selectief te zijn, laat opnemen. Kennis-automatismen worden opgebouwd in een razendsnel tempo, automatismen in verband met vaardigheden en gedrag worden als het ware weggedrumd.

Afstuderen wordt voor deze mensen een nachtmerrie. Hopelijk komen ze zo snel mogelijk tot persoonlijke levensverwachtingen, zoniet zorgen ze voor de statistieken van briljante studenten die het nadien niet hebben kunnen waarmaken.

Te hoog gegrepen levensverwachtingen

Als onze levensverwachtingen te hoog gegrepen zijn, kan het zijn dat we gedemotiveerd raken. Het hert wordt immers niet realistisch gestimuleerd wat resulteert in een te lage leerspanning.

Het zijn mensen die steeds opnieuw opzien naar anderen, maar er zelf niet in slagen om haalbare levensverwachtingen in te vullen. Het zijn diegenen die steeds voor de dag komen met prestaties van anderen of de prestaties van anderen kleineren. Het zijn diegenen die op latere leeftijd potentiële kandidaten worden voor een flinke en zeer gevreesde 'mid-life' crisis. Het gevreesde moment waarop je achteruit kijkt en plotseling realiseert dat het allemaal anders had kunnen zijn. Het zijn diegenen die steeds op zoek zijn naar de eeuwige jeugd en het eeuwige leven. De drang om nog iets te realiseren wordt groter dan de drang om iets te realiseren.

We zijn ervan overtuigd dat diegenen die hun levensverwachtingen gerealiseerd hebben, op een later tijdstip de rust vinden om te genieten van deze realisaties. Hun 'mid-life' crisis was geen crisis maar een opportuniteit. We zouden kunnen spreken van 'mid-life' opportuniteiten

Een gebrek aan voorbeelden

Ieder van ons leert in het zog van anderen, van diegenen die voor ons het voorbeeld zijn. Het zijn zij die in onze ogen iets bereikt hebben. Het zijn zij die de katalysator vormen in een proces dat onze eigen levensverwachtingen gaat bepalen.

Het is daarom belangrijk dat we voldoende voorbeelden krijgen om onze zelfrealisatiedrang te stimuleren. Indien een maatschappij of een bedrijf hier niet voor kan zorgen, dan kan onze leerspanning onder een kritische drempel verdwijnen. En dit met incompetentie tot gevolg.

Het is daarom zeer belangrijk dat bedrijven die willen evolueren in een bepaalde richting voldoende voorbeelden op de voorgrond schuiven. Het zijn deze voorbeelden die gaan dienen als baken in de evolutie van het bedrijf.

Het niet vinden van een geschikte voedingsbodem

Sommige mensen hebben prima levensverwachtingen, realistisch, voorbeeldig, subliem, maar vinden geen plaats, ondersteuning of middelen om hun levensverwachtingen te realiseren.

Mensen met een sterk doorzettingsvermogen (gedrag) rusten echter niet voordat ze hun volledig actief leven kunnen wijden aan het realiseren van hun levensverwachtigen. Het zijn diegenen die risico's durven nemen. Het zijn diegenen die een zelfstandig beroep beginnen of zelfs emigreren om hun levensdoelen te kunnen realiseren.

Het realiseren van levensverwachtingen

Euforie, zaligmakend, genoegdoening, allemaal omschrijvingen van wat door ons heen kan gaan als we eindelijk onze levensverwachtingen bereikt hebben. De realisatie van dit succes kan gepaard gaan met het verkrijgen van een teveel aan macht en geld. In dit geval bestaat de kans dat, door het volledig wegvallen van de 'drang om te overleven', het hert zijn acties staakt en dat het leren stopt.

Verkeerde beroepskeuze

Het verhaal gaat verder op het moment dat we de arbeidsmarkt betreden. Veel afgestudeerden hebben niet enkel gestudeerd op halve kracht, maar hebben een studierichting gekozen die nadien niet blijkt overéén te komen met hun levensverwachtingen. Het is daarom zeer belangrijk dat ze zo snel mogelijk een beroep vinden dat ze kunnen 'verzoenen' met de levensverwachtigen die ze willen koesteren. Een beroep dat voldoende leerspanning veroorzaakt om continu en gemotiveerd te blijven leren.

Spijtig genoeg zien we teveel mensen die hier niet in slagen en in een beroep belanden dat niet tegemoet komt aan hun verwachtingen. Dit is funest omdat het hert niet voldoende leerspanning opwekt om de medewerker in een continu leerproces te brengen. Veel medewerkers ondervinden daarom de grootste moeite om 'bij te blijven'. De veranderingen en informatie die op hen afkomen, resulteren niet snel genoeg in de ontwikkeling van hun kundigheden om de functie naar behoren te blijven uitvoeren.

Te vroeg op rust zetten

Teveel voorbeelden hebben we gezien van mensen die, zolang de gezondheid het toeliet, bleven leren. Ze waren verantwoordelijk voor veranderingen, gebaseerd op uitdagende levensverwachtingen om U tegen te zeggen. Mensen die op veertig, vijftig jaar nog van beroep veranderden en resultaten neerplaatsten waar enkel kon naar opgekeken worden.

Het is dit dat ons heeft overtuigd dat levensverwachtigen en de resulterende leerspanning ouderdomloos zijn, enkel beperkt door onze fysiologische gezondheid en onze omgeving.

Te vlug hoor je zeggen dat mensen te oud zijn om te leren. Dat ze zouden moeten uitbollen en plaats maken voor de jeugd. We hebben er geen problemen mee om de jeugd kansen te geven. Integendeel, het hert dient actief te worden gehouden door het geven van mogelijkheden tot zelfrealisatie.

Waar we wel problemen mee hebben, is het op een zijspoor zetten van mensen met levensverwachtingen. Mensen die nog gedreven worden door realisatiedrang en nog dikwijls het voorbeeld dienen te zijn voor de 'kinderen' die ze 'opvoeden'.

De soms drastische maatregelen in functie van werkgelegenheid en overleving van het bedrijf houdt geen rekening met deze denkwijze. Op deze manier wordt het hert dat leeft in veel van deze mensen gewoon afgeschoten. Om de lieve vrede te bewaren stellen we leeftijdsgrenzen bij herstructurering en doen hierdoor veel mensen, en onze bedrijven onrecht aan.

Een goed begrip van de mechanismen die mensen drijven in hun leren moet het mogelijk maken om vangnetten uit te werken die rekening houden met het voorgaande. Deze vangnetten moeten mensen, met een hoge leerspanning, toelaten om nog op een actieve en uitdagende manier bij te dragen aan de maatschappij.

Als maatschappij zullen we niet enkel moeten nadenken over de gezondheid van het hart maar evenveel aandacht moeten geven aan de gezondheid van het hert.

'Self-Casting'

Mensen gedreven door een overleveringsdrang, zorgen ervoor dat ze kunnen evolueren naar een rol waarin ze hun levensverwachtingen kunnen realiseren.

Het is de combinatie van 'self-leadership' en 'self-casting' die ervoor zorgt dat de leerspanning van deze mensen de hoogte ingaat.

3 Jeff's Law®, spanning maal stroom

Een veel gebruikte techniek om het on(be)grijpbare te verduidelijken of over te brengen is het gebruiken van metaforen. Jeff's Law® kan een metafoor worden i.v.m. de lerende organisatie.

Elektrisch vermogen

We zijn voor de verklaring van het leerproces een metafoor gaan zoeken in de elektriciteitsleer. Hierin geldt dat het opgenomen elektrisch vermogen – van bijvoorbeeld een gloeilamp – gelijk is aan de spanning op de lamp vermenigvuldigd met de stroom door de lamp.

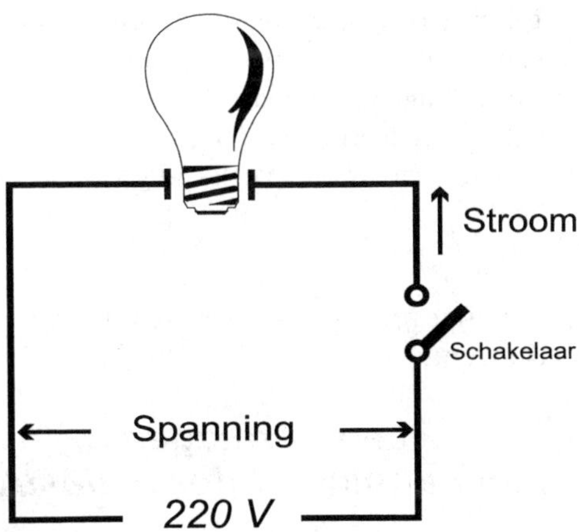

Elektrische vermogen = Spanning . Stroom

Hoe groter de spanning of de stroom, des te groter het vermogen. Is de spanning of de stroom nul, dan is het opgenomen vermogen eveneens nul.

Kijk naar een gloeilamp. Daar merk je de grootte van het vermogen uitgedrukt in W (Watt). Het is dit vermogen dat de intensiteit van het licht bepaalt.

Leervermogen

In een absurde vergelijking kunnen we het glas van de lamp met onze schedel vergelijken. De gloeidraad met onze hersenen, de elektrische spanning met de leerspanning en de elektrische stroom met de informatiestroom. En zie, als alle elementen aanwezig zijn dan 'brandt de lamp'.

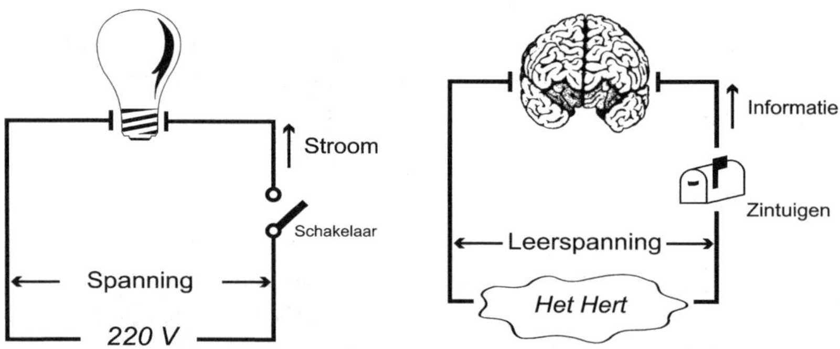

In de schedel grijpt een 'gloeiende' chemische reactie plaats die ervoor zorgt dat onze automatismen of paradigma's op het gebied van kennis, vaardigheden en gedrag ontwikkeld worden in functie van de aangebrachte informatie. Het leerproces grijpt plaats. Onze paradigma's verschuiven. Nieuwe grenzen voor onze kundigheden worden uitgetekend.

In formule

Gebaseerd op de vorige metafoor komen we tot een hanteerbare definitie van het leervermogen...

Leervermogen =
Leerspanning . Informatiestroom

Het leervermogen van mensen is gelijk aan het product van de leerspanning die ze bezitten met de informatiestroom die ze verbruiken.

Enkele uitspraken

- Het leervermogen van mensen wordt groter indien hun leerspanning vergroot en ze gebruik kunnen maken van grotere informatiestromen.
- Lerende mensen zijn mensen met een hoge leerspanning die gebruik maken van hoge informatiestromen. Lerende organisaties zijn dan organisaties die mensen stimuleren tot het verkrijgen van een hoge leerspanning en hen toegang verlenen tot informatie.
- Als je graag hebt dat mensen niet leren, zorg er dan voor dat ze iets dienen te doen dat ze niet graag doen, en zorg ervoor dat ze geen informatie krijgen.
- Of zorg ervoor dat ze iets doen dat ze graag doen en geef ze geen informatie.
- Of zorg ervoor dat ze iets doen dat ze niet graag doen en overstelp ze met informatie. Nog verbaasd hoe het komt dat mensen niet leren?
- Een andere, nog absurdere, uitspraak zou kunnen zijn. Een lamp brandt slechts als je ze draait in de juiste fitting. Of, iemand begint te leren als hij in de juiste 'rol' wordt 'gedraaid'. Een rol waar hij zijn levensverwachtingen kan realiseren.
- Als we een hoge leerspanning hebben, vindt informatie zijn weg naar de hersenen. Zonder leerspanning of een informatiestroom is het leervermogen nul. De hersenen zijn dan geen bouwwerf, maar een gebouw dat aangetast wordt door de tand des tijds.

Het zijn deze eenvoudige uitspraken die een nieuwe basis kunnen vormen voor een verduidelijking van de leerprocessen die zich afspelen in een lerende organisatie. Ze kunnen echter ook gebruikt worden als leidraad bij een door te voeren 'reengineering' van een niet-lerende organisatie naar een lerende organisatie.

4 Natuurlijke informatiestromen

Het product van de leerspanning met de verbruikte informatiestroom bepaalt het leervermogen. Hoe de leerspanning tot stand komt hebben we in het vorige deel besproken. In dit deel zoemen we in op het informatiegedrag van mensen met een hoge en een lage leerspanning. Het verschil is zo groot, dat het een significante impact heeft op de te ontwikkelen leer- en informatiesystemen.

Het tijdperk van het hart

Het hart pompt bloed met zuurstof het gehele lichaam rond. Afhankelijk van de fysische inspanningen verandert het vermogen dat het hart levert om tegemoet te komen aan de wisselende behoefte aan zuurstof. Zonder dit zelfregelend mechanisme zou zelfstandig overleven onmogelijk zijn.

Het is normaal dat in tijdperken waarin fysische arbeid de hoofdbezigheid was, de organen die instonden voor de zuurstofdistributie sterk ontwikkeld waren. Een sterke ontwikkeling van deze organen verhoogde immers de overlevingskansen in deze tijdperken.

Het tijdperk van het hert

Hetzelfde kunnen we zeggen over het hert dat een zelfregelende rol speelt in het opnemen en verbruiken van informatie.

Als de levensverwachtingen toenemen, schakelt het hert ons natuurlijk leerproces in een hogere versnelling. Dit verhoogt de leerspanning waardoor we de informatiestromen, die ons via de zintuigen bereiken, beter gaan gebruiken voor het opbouwen van nieuwe paradigma's.

Op dat moment neemt het natuurlijk leersysteem haar rol op en krijgen we een natuurlijk informatiegedrag. Het is door dit informatiegedrag te bestuderen dat we betere leer- en informatiesystemen kunnen ontwikkelen die tegemoetkomen aan de behoeften van mensen met een hoge leerspanning.

Het kan misschien raar lijken, maar we zijn ervan overtuigd dat we nu pas een tijdperk instappen waar dit hert een onmisbare rol gaat spelen. Het is nu, op een moment dat de hoeveelheid informatie en veranderingen exponentieel toenemen, dat we ons bewust gaan worden van de mogelijkheden van onze hersenen en de onverklaarbare drijfveren achter ons leerproces. Nu pas gaan we ons hert op een grote schaal ontwikkelen.

We dienen ons te realiseren dat kunstmatige manieren van leren die geen beroep doen op de natuurlijke kracht van het hert, onvoldoende gaan zijn om in te spelen op de steeds groeiende behoefte aan leervermogen. Het is de combinatie van een hoge leerspanning en het voorzien van afgestemde leer- en informatiesystemen dat de doorslag gaat geven.

De competitie met onszelf

Het zijn mensen met een goed ontwikkeld hert en een grote leerspanning die nu reeds aan de basis liggen van de niet aflatende en wereldwijde wedijver of competitie.

Steeds opnieuw nemen deze mensen het stuur in handen om nieuwe richtingen in te slaan. Generatie na generatie wordt er verder gebouwd op de realisaties of de overleveringen van deze mensen. Nooit zijn ze tevreden. Het zijn mensen die niet echt competitie nodig hebben. Ze zijn steeds in competitie met zichzelf. Hun levenskundige reacties zorgen voor een stroom van overleveringen.

Mensen met een goed ontwikkeld hert leren elke dag. Zij passen hun automatismen selectief aan in functie van de informatie die op hen afkomt en de levensverwachtingen die ze koesteren. Het is de massale hoeveelheid aan informatie en hun natuurlijk leergedrag dat ons forceert naar het nieuwe tijdperk. Steeds meer mensen gaan het nieuwe tijdperk instappen en een natuurlijk leergedrag ontwikkelen.

Het is dit opbouwende lawine-effect dat duidelijk maakt dat we nu pas aan het begin staan van een nieuw tijdperk. Het echte informatietijdperk moet nog komen.

Het hert als onzichtbaar navigatie-instrument

Als we kijken naar het leergedrag van mensen met een grote leerspanning, dan merken we op dat zij geen moeite hebben met de enorme hoeveelheid aan informatie die beschikbaar is. Integendeel deze mensen zijn zelfs op zoek naar nog meer informatie.

Hieronder volgen enkele kenmerken van mensen met een goed functionerend hert.

Ze zijn zeer selectief

Een goed werkend hert en de daaruitvolgende leerspanning zorgen ervoor dat de informatievloedgolf zeer selectief verbruikt wordt. Enkel relevante informatie wordt uit de stroom gepikt.

Enkel indien we duidelijke levensverwachtingen hebben, kunnen we selecteren. Voor mensen met een lage leerspanning zal de informatievloedgolf een onoverzichtelijk geheel blijven. Ze hebben immers geen enkele baken waarop ze zich kunnen richten. Ze blijven klagen over een gebrek aan informatie. Niet omdat er geen informatie is, maar omdat de nodige leerspanning ontbreekt.

Deze natuurlijke selectiviteit zorgt ervoor dat de stroom niet een chaotisch gebeuren wordt, maar een gebeuren vol opportuniteiten die ons verder kunnen helpen om onze levensverwachtingen te bereiken.

Mensen met een hoge leerspanning zijn zo selectief, dat iets anders leren dan wat gedreven wordt door de hoge leerspanning, bijna onmogelijk is.

Ze ontwikkelen een 'mind-set'

Het hert heeft nog een verrassing in petto. Het hert is namelijk zelfstandig op zoek naar informatie. Dit gebeurt zonder dat we er ons echt van bewust zijn.

Telkens we met informatie geconfronteerd worden die een antwoord geeft op de vele vragen die mensen met een hoge leerspanning hebben, worden we hierop 'attent' gemaakt.

Het is deze 'mind-set' die ervoor zorgt dat we continu leren. Telkens vinden we, bijna toevallig, die informatie waar we naar op zoek waren. Telkens worden we attent gemaakt op informatie die ons verder helpt in onze 'eeuwige' zoektocht. Dezelfde informatie kan ons reeds tientallen keren gepasseerd zijn zonder dat we ze bewust, 'zintuiglijk', opmerkten.

We gebruiken bij deze onbewuste zoektocht een zeer breed zichtveld. Informatie die ogenschijnlijk niets te maken heeft met hetgeen we zoeken wordt onbewust geassocieerd met hetgeen we zoeken. Het is dit onbewust zien van associaties dat de 'mind-set' zo krachtig maakt.

Ze lijmen informatie aan elkaar

Informatie die we niet kunnen associëren met andere informatie, vergeten we. Dit is waarschijnlijk weer een mechanisme dat verhindert dat onze hersenen overbelast worden met 'nutteloze' informatie.

Levensverwachtingen kunnen hier dienen als één grote 'kapstok' waaraan alle relevante informatie, in een continu leerproces, wordt geassocieerd. Zonder levensverwachtingen krijg je heel wat minder mogelijkheden om verbanden te leggen, waardoor het leren een zeer moeilijk proces wordt.

Ze hebben een hoog leerritme

Lerende mensen zijn continu op zoek naar informatie. Ze kunnen enorm veel informatie verwerken om datgene waar ze naar op zoek zijn te vinden.

Langdurige opleidingen zijn voor deze mensen het meest vervelende dat hen kan overkomen omdat ze zelf de informatiestroom niet kunnen controleren. Het best voelen ze zich in een omgeving waar de informatie snel en zonder teveel nutteloze balast te vinden is. Ze vullen het begrip 'Just In Time Learning' volledig in.

De vergelijking tussen hert en hart gaat nog meer op als we niet alleen de leerspanning met de bloeddruk vergelijken, maar ook het hartritme met het leerritme. Op deze manier kunnen we stellen dat het hert informatie binnenhaalt in een zeer hoog ritme, bepaald door het chaotische aanbod aan informatie en de leerspanning.

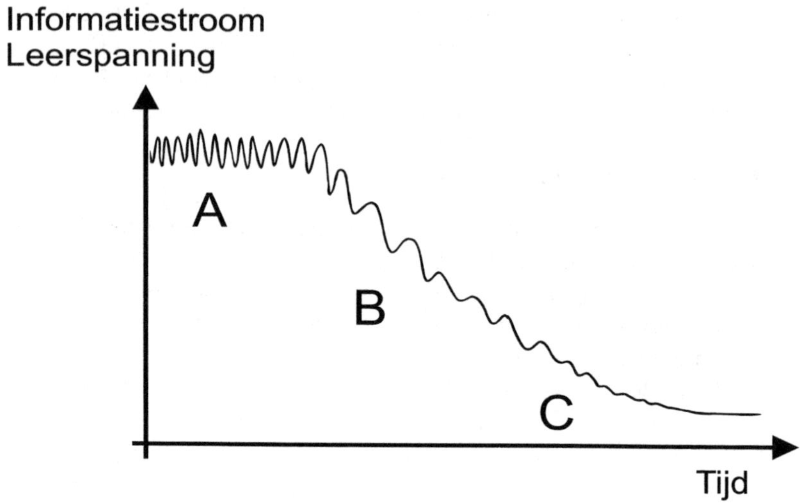

A *Een hoge leerspanning resulteert in een hoog leerritme. Informatie wordt in een hoog ritme opgenomen en verwerkt. Deze mensen leren dagdagelijks uit de kleine dingen. Telkens opnieuw stellen ze hun paradigma's in vraag en sturen ze continu bij.*

B *De leerspanning daalt en dit heeft een direct gevolg op het leerritme. Dit leerritme daalt en als een gevolg daarvan daalt de opgenomen informatiestroom.*

C *De leerspanning daalt onder een kritische drempel. Leerloosheid is ingetreden. Op dit moment wordt er niet meer actief gezocht naar informatie. Het leren wordt terug een kunstmatig proces. Deze mensen dienen we bij te scholen op de klassieke manier. Nooit kunnen ze de kundigheden ontwikkelen van mensen met een hoge leerspanning.*

Mensen met een hoog leerritme slagen er zeer dikwijls in om hun kundigheden te ontwikkelen in een gelijke tred met de laatste ontwikkelingen en trends.

Ze hebben een grote leerafstand

Het is net alsof de leerspanning een fictieve boog spant. De pijl die op zoek gaat naar informatie vliegt ver. De afgelegde leerafstand is evenredig met de leerspanning. Ze zoeken naar onontdekte informatie. De 'white spots' op de 'informatiewereld'.

Mensen met een hoge leerspanning zijn bereid om zeer ver te gaan om die informatie te vinden die nodig is om hun levensverwachtingen te realiseren. De informatie dient niet ingeblikt te zijn in opleidingspakketten of dure cursussen. Het belangrijkste is niet de vorm maar de inhoud, het nieuwe.

Hoe groot is toch het contrast met mensen met een lage leerspanning. Voor hen primeert de vorm op de inhoud. De verpakking is belangrijker dan de inhoud. Soms raakt de pijl zelfs niet door de verpakking.

Ze ruilen informatie

Belangrijk bij hun zoektocht naar informatie is hun bereidheid om informatie te 'ruilen' voor andere informatie. Ze beseffen dat enkel in een sfeer van open communicatie belangrijke en waardevolle informatie begint te stromen. Slechts dan wordt het mogelijk om nieuwe informatie te vinden. Ruilhandel van kennis wordt een eigenschap van het informatietijdperk.

5 Van Push naar Pull

Jarenlang hebben bedrijven enorme bedragen geïnvesteerd om mensen met een lage leerspanning op te leiden met als doel ze inzetbaar te maken in een productieproces dat uitgedokterd was door een aantal experten en stafdiensten.

Deze zeer inefficiënte manier van opleiding, waarbij geen rekening werd gehouden met de natuurlijke leerkracht van het hert, was voldoende omdat de veranderingen zo traag gebeurden dat deze inefficiëntie geen impact had op de bedrijfsresultaten.

Het is uit deze periode dat de werkwoorden vormen, trainen en opleiden stammen. Alle drie hebben ze iets 'pusherig'. We pushen als het ware informatie naar de medewerkers.

Het is echter enorm belangrijk dat mensen zelf op zoek gaan naar informatie. Enkel op deze manier kunnen we gebruik maken van de rijkdommen die zich in de informatiestroom bevinden. Dit kan enkel indien mensen leren vanuit de behoefte om hun levensverwachtingen te realiseren. Zonder deze innerlijke drang zal pushen een noodzakelijk kwaad blijven.

Het is deze omschakeling van push- naar pull-leren die de volgende jaren zal kenmerken. Onmogelijk om op een andere manier deel te nemen aan het kennistijdperk.

De metafoor met de planten

De meeste planten ontwikkelen zichzelf omdat ze naar de zon 'willen' groeien. Om het groeiproces in stand te houden verbruiken ze water. Ze gebruiken net zoveel water als nodig is om hun ontwikkeling te ondersteunen.

Het bovenstaande kunnen we vergelijken met het ontwikkelingsproces van mensen met levensverwachtingen en een gezond hert. Ze pullen als het ware zelfstandig informatie uit de informatiestroom om zichzelf te ontwikkelen in de richting van hun levensverwachtingen.

Net zoals bij planten slagen we er niet in om dit proces te versnellen door informatie doorheen de plant te pushen. Het systeem zelf reguleert de informatietoevoer. Zelfs indien we zonlicht moeten missen, maken we gebruik van kunstlicht. Nooit slagen we erin planten te laten groeien door water te pushen. Wel dienen we te voldoen aan hun vraag naar water. Dit is iets volledig anders dan pushen.

Ook mensen moeten op zoek gaan naar hun juiste plaats om te komen tot een natuurlijk leerproces. Dit is terug het principe van 'selfcasting'.

6 Leerkundigheid

De leerkundigheid van mensen is hun vaardigheid om informatie die ze nodig hebben te verwerven en te verwerken. De volgende figuren geven dit grafisch weer.

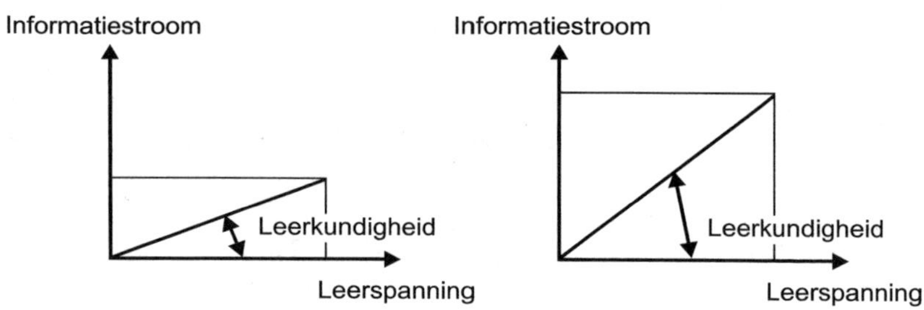

Het leervermogen wordt bepaald door het product van de leerspanning met de verbruikte informatiestroom.

Het leervermogen van de rechtse persoon is groter dan dit van de linkse. Niet omdat de leerspanning verschilt, die is hetzelfde, maar omdat de linkse minder leerkundig is dan de rechtse. Dit heeft tot gevolg dat hij minder informatie uit de informatiestroom kan verwerven.

Model van Nonaka

De principes van de leerkundigheid kunnen we verduidelijken aan de hand van het model van Nonaka. Daarin is sprake van twee vormen van informatie.

Taciete informatie

Is die informatie die 'stilzwijgend' aanwezig is bij mensen, maar zeer moeilijk overgebracht kan worden. Ze is als het ware enkel beschikbaar in de hoofden van de mensen. Het is de verzameling van kennis, vaardigheden en gedrag die opgebouwd werd als een gevolg van een jarenlang leerproces. Ze zit als het ware opgesloten in de persoonlijke paradigma's.

Expliciete informatie

Is die informatie die vrij eenvoudig kan overgebracht worden, ze is immers 'expliciet' aanwezig. Voorbeelden van expliciete informatie zijn boeken, artikels, procedures, informatie op het internet,... Stuk voor stuk is het taciete informatie die mensen beschikbaar hebben gemaakt.

Als we praten over de enorme explosie aan hoeveelheid informatie dan hebben we het eigenlijk over de hoeveelheid aan taciete en expliciete informatie.

Om het proces van informatieoverdracht duidelijk te maken, spreekt Nonaka over vier informatiestromen.

		NAAR	
		Taciet	Expliciet
VAN	Taciet	Socialisatie	Externalisatie
	Expliciet	Internalisatie	Combinatie

Socialisatie

Dit is de informatiestroom van taciet naar taciet. Taciete informatie van mensen wordt omgezet naar taciete informatie bij andere mensen.

Deze informatiestroom is een gevolg van socialisatie tussen verschillende personen. Vertaald naar leerkundigheid, zouden we kunnen stellen dat, indien twee personen beschikken over een zelfde leerspanning, diegene met de beste sociale vaardigheden toegang heeft tot een grotere hoeveelheid aan taciete informatie.

Concreet betekent dit dat mensen die actief kunnen luisteren, beter conflicten kunnen oplossen, assertief zijn, ... vlotter toegang krijgen tot de taciete informatie van anderen. Ze beschikken als het ware over een grotere leerkundigheid.

Internalisatie

Dit is het absorberen van informatie die expliciet aanwezig is. Mensen met een hoge leerspanning die hunkeren naar informatie, verbruiken veel informatie via dit deel van de informatiestroom.

Mensen die snel artikels kunnen lezen of snel relevante informatie kunnen opzoeken, hebben een grotere leerkundigheid dan anderen.

Een voorbeeld is de opzoekvaardigheid van informatie via het internet. Diegene die deze vaardigheid bezit heeft toegang tot meer informatie, is dus leerkundiger en vergroot hierdoor zijn leervermogen.

Externalisatie

Dit is het omzetten van taciete informatie naar expliciete informatie. Mensen die deze vaardigheid bezitten, slagen erin om de informatie die ze in hun hoofd hebben zitten beschikbaar te maken voor anderen, mits behulp van een externe drager. We denken hier bijvoorbeeld aan artikels, boeken, videopresentaties en internet pagina's.

Op het eerste zicht draagt dit niet bij tot de leerkundigheid omdat je informatie geeft in plaats van te krijgen. De hoeveelheid informatie die je echter terugkrijgt is zo groot, dat deze vaardigheid een grote invloed heeft op de informatie die beschikbaar komt.

Mensen met een hoge leerspanning expliciteren daarom zeer dikwijls hun eigen taciete informatie omdat dit proces nieuwe informatie en inzichten genereert.

Combinatie

Dit is het proces waarbij mensen beschikbare expliciete informatie verwerken en terug vrijgeven via expliciete informatie.

Mensen met een hoge leerspanning leren enorm veel uit dit proces. Het komt dus niet alleen anderen ten goede, maar heeft een direct gevolg op de grootte van de beschikbare informatiestroom. Mensen die deze vaardigheid bezitten, verhogen hun leerkundigheid.

IEMAND MET VEEL EXPLICIETE
EN WEINIG TACIETE KENNIS
IS IN FEITE EEN
NUTTIGE IDIOOT.

Intelligentie

Niet alle leerkundigheden kunnen aangeleerd worden. Leerkundigheid is immers het totale pakket aan middelen waarover we beschikken om informatie te verwerven en te verbruiken. Een deel van deze leerkundigheden is niet aanleerbaar. Ze liggen meer dan waarschijnlijk vast in onze biologische bouwstenen.

Het is de som van deze 'ingebakken' en aangeleerde leerkundigheden die onze leerkundigheid bepaalt.

Verstandelijke intelligentie en emotionele intelligentie zijn begrippen die peilen naar onze meer 'ingebakken' leerkundigheden.

De verstandelijke intelligentie (IQ) peilt meer naar ons ingebakken vermogen om rationeel te denken en te begrijpen. De emotionele intelligentie (EQ) peilt daarentegen meer naar ons irrationeel vermogen om om te gaan met emoties. Dit laatste bepaalt voor een groot deel onze interactie met anderen.

Beiden hebben een significante invloed op onze leerkundigheid.

Leerkundigheid anders bekeken

Net zoals bij het leervermogen kunnen we voor de leerkundigheid een vergelijking neerschrijven. Ook deze is gebaseerd op de elektriciteitsleer, waarin het begrip 'geleiding' gebruikt kan worden als metafoor voor 'leerkundigheid'.

Informatiestroom =
Leerkundigheid . Leerspanning

Mensen verbruiken een grotere informatiestroom, bij een zelfde leerspanning, als hun leerkundigheid groter is. Dit laatste wordt bepaald door de leerkundigheden waarover we als mens kunnen beschikken.

In de elektriciteitsleer stellen we dat er meer stroom vloeit, bij een zelfde spanning, als de geleiding van de stof waardoor de stroom vloeit groter is.

Enkele uitspraken

- Mensen met een lage leerspanning leren soms sneller dan mensen met een hoge leerspanning.
- Gemotiveerde mensen met een hoge leerspanning leren soms sneller dan intelligente mensen.

- Gemotiveerde, intelligente mensen leren meestal het snelst.
- Het is zeer goed mogelijk dat twee mensen, gedreven door dezelfde levensverwachtingen en leerspanning, toch een verschillend leervermogen ontwikkelen.

'Self-Informing'

Mensen die levensverwachtingen bezitten en van daaruit op zoek gaan naar hun juiste rol, realiseren een hoge leerspanning. Ze bezitten een hoge mate van 'self-leadership' en 'self-casting'.

Indien ze bovendien nog werken aan een grote leerkundigheid, dan realiseren ze een grote toegang tot informatiebronnen. Op dat moment verschuift hun leergedrag van 'push' naar 'pull' en worden ze 'self-informing'.

6

Het veranderingsvermogen

Veranderings-
vermogen
brengt ons ...

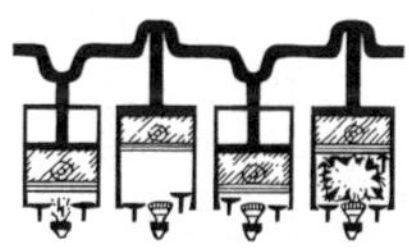

... naar
Onbewust
Competent

Onze persoonlijke ontwikkelingsmotor staat bijna in zijn laatste stand. Enkel de laatste cilinder uit de metafoor met de 4-takt motor dient nog in beweging te worden gebracht. Nadat we de vereiste kundigheden hebben ontwikkeld, ontbranding cilinder 3, moeten we ze ook nog verder gebruiken.

Dit gebruik maakt ons niet alleen onbewust competent. Bovendien geven de opgebouwde nieuwe paradigma's onder de vorm van nieuwe vaardigheden, nieuwe kennis en nieuw gedrag ons het nodige vermogen om te veranderen en te vernieuwen. Het is dit veranderingsvermogen dat de laatste cilinder doet bewegen.

1 Jeff's Law®, kracht maal snelheid

Het eerste deel van Jeff's Law® gaf een metafoor die inspeelde op het leervermogen. Hierbij maakten we gebruik van de gelijkenis met het elektrisch vermogen. Dit deel gaat in op het veranderingsvermogen van mensen.

Dynamisch vermogen

Het dynamisch vermogen omschrijft het vermogen van dingen die in beweging zijn. Volgende figuur kan dit verduidelijken.

Dynamisch vermogen = Kracht . Snelheid

Des te meer kracht kan uitgeoefend worden bij een grotere snelheid, des te groter het dynamisch vermogen. Is de kracht of de snelheid nul dan is het dynamisch vermogen ook nul.

In de bovenstaande tekening bepalen de ploeg en de paarden het dynamisch vermogen van de landbouwer. De combinatie van deze twee bepaalt de kracht en de snelheid waarmee de boer de aarde kan omploegen.

Veranderingsvermogen

De keuze van vorige figuur is niet toevallig. Ze legt immers een verband met de landbouwer en zijn streven naar het opbouwen en onderhouden van landbouwculturen.

Met veranderingsvermogen duiden we op het dynamisch vermogen dat beschikbaar is voor het introduceren van vernieuwing of verandering.

Stel dat de landbouwer nieuwe levensverwachtingen wenst te realiseren waarvoor de huidige landbouwcultuur niet meer geschikt is. In dat geval moet hij de landbouwcultuur zodanig veranderen dat ze beter tegemoetkomt aan zijn verwachtingen. Hij zal dienen in te grijpen in de landbouwprocessen.

Het zijn de kracht en de snelheid waarmee deze veranderingen gebeuren die het veranderingsvermogen van de landbouwer bepalen. Voorbeelden hiervoor zijn: het introduceren van nieuwe gewassen, het verbeteren van het irrigatiesysteem, verbetering van de bemesting, bestrijding van schadelijke insecten. De landbouwer beschikt over een groot veranderingsvermogen als hij met veel kracht en snelheid bovenstaande veranderingen kan doorvoeren.

Als hij de ploeg gebruikt om gewassen te telen zonder de bedoeling te hebben om zijn landbouwcultuur te veranderen of te vernieuwen, dan is dit gewoon dynamisch vermogen. Als hij de ploeg gebruikt om zijn cultuur te veranderen of te vernieuwen, dan is dit veranderingsvermogen. Het onderscheid tussen de twee is belangrijk omdat hij voor het eerste niets hoeft te leren. Hij maakt als het ware gebruik van de kundigheden waarover hij reeds beschikt. Om te veranderen of te vernieuwen daarentegen dient hij gebruik te maken van nieuwe kundigheden. Het is deze nieuwe kennis, vaardigheden of gedrag die aan de basis ligt van de vernieuwing of de verandering. Het is een gevolg van het zichtvermogen en het leervermogen.

In formule

Gebaseerd op de vorige metafoor kunnen we een definitie geven voor veranderingsvermogen...

Veranderingsvermogen =
Veranderingskracht . Veranderingssnelheid

Het veranderingsvermogen van mensen is gelijk aan het product van de snelheid en de kracht waarmee ze hun omgevingsprocessen kunnen veranderen.

2 Leervermogen wordt veranderingsvermogen

De materialisatie van het immateriële

Het vermogen om te leren bij mensen met een hoge leerspanning, genereert een zodanig grote kracht of macht dat ze hun eigen, persoonlijke paradigma's of denkkaders continu kunnen doorbreken. Continu ontwikkelen ze hun kundigheden in een bijna overrompelende en nooit aflatende veroveringstocht op de grijze grenzen van de hersenen. Ze stoppen echter niet bij de ontwikkeling van hun kundigheden, maar ze willen hun levensverwachtingen daadwerkelijk realiseren. Ze willen overleveren. Ze willen ondernemen.

Het leervermogen van mensen zorgt ervoor dat hun hersenen een levenslange immateriële bouwwerf zijn waar nieuwe kundigheden worden ontwikkeld.

Het veranderingsvermogen van mensen zorgt ervoor dat zij de ontwikkelde immateriële kundigheden en paradigma's gebruiken voor de ontwikkeling van materiële producten of diensten.

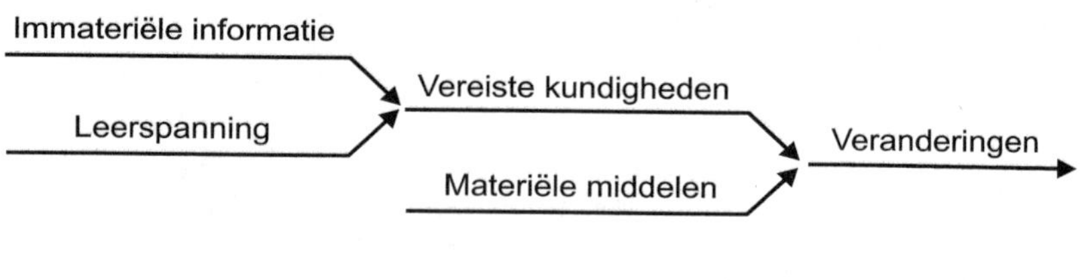

Bij de ontwikkeling van de vereiste kundigheden verbruiken we informatie als immateriële grondstof. Bij de realisatie van veranderingen verbruiken we materiële middelen.

Enkel als we de materiële middelen vinden en inzetten om datgene te realiseren wat we in onze hersenen gevisualiseerd hebben, krijgen we daadwerkelijke veranderingen. Het zijn de materiële middelen die de laatste sleutel zijn tot verandering.

Creatief Ondernemen

Creatief ondernemen vat in twee woorden samen wat we bedoelen met de materialisatie van het immateriële. Creativiteit is een immaterieel proces waarbij informatie verbruikt wordt met de bedoeling oplossingen te zoeken en te selecteren. Het ondernemerschap zet dan de oplossingen in de praktijk om. Het materialiseert het immateriële.

Mensen kunnen we typeren op basis van hun creatief ondernemerschap...

Creators

Dit zijn mensen die erin slagen om bijvoorbeeld nieuwe ideeën, technologieën of bedrijfsprocessen te bedenken. Ze zijn zeer creatief in het verwerken van informatie, waarbij ze er telkens in slagen om nieuwe inzichten of visies te ontwikkelen. Hun leervermogen is zeer groot.

Ze verleggen de grenzen van het menselijk kennen en kunnen. Ze scheppen als het ware de voorwaarden voor nieuwe opportuniteiten. Ze zijn de stimulatoren van de 'pioniers'.

Pioniers

Dit zijn mensen die voldoende risico durven nemen om hetgeen creators bedenken te materialiseren in nieuwe producten of diensten.

De openheid voor het nieuwe, een grote hunker om te leren en toe te passen zijn kenmerken van dit soort van mensen. Zij zorgen voor de middelen. Het zijn de voorbeelden voor de 'followers'.

Followers

Dit zijn mensen die weinig creatief zijn en niet het risico willen nemen om te investeren in datgene wat zichzelf nog niet bewezen heeft. Zij laten het over aan de pioniers om het risico te lopen.

Mensen die te lang aarzelen om te volgen, grijpen er dikwijls naast omdat de pioniers al op de proppen komen met nieuwe producten en diensten op het moment dat zij nog aan het beslissen zijn. Om deze reden haken 'followers' dikwijls af en worden 'settlers'.

Settlers

Dit zijn mensen die niet meer willen of kunnen veranderen. Meestal is het voor de 'settlers' nog een verrassing dat ze het 'speelveld' dienen te verlaten.

3 Jeff's Law®, het leerrendement

Het is mogelijk dat mensen een enorm leervermogen hebben, maar dat ze er niet in slagen om maar iets te veranderen. Hun veranderingsvermogen is gewoon te laag om een betekenisvolle bijdrage te kunnen leveren aan veranderingsprocessen. Dit laatste deel van Jeff's Law® legt dit gegeven vast in een wetmatigheid ontleend aan de vermogenleer.

Vermogenleer

Uit de vermogenleer weten we dat het omzetten van één energievorm naar een andere, steeds gepaard gaat met een zeker verlies.

Elektrisch vermogen wordt bijvoorbeeld nooit volledig omgezet in een dynamisch vermogen. Als we gebruik maken van een elektrische motor, dan zal er steeds een deel van het elektrisch vermogen verloren gaan als warmte. De warmte is het gevolg van de wrijving tussen de bewegende delen. Als we deze wrijving kunnen verminderen dan verhogen we de vermogenoverdracht van elektrische vermogen naar dynamisch vermogen. Het is om deze reden dat we bijvoorbeeld smeerolie gebruiken. Het verlaagt de weerstand.

Het is om bovenstaande reden dat we spreken over het rendement (η) van een vermogenoverdracht. Indien deze volledig gebeurt dan is het rendement één. Is er verlies, dan is het rendement kleiner dan één.

In formule gezet geeft dit ...

$$\textit{Dynamisch vermogen} = \eta \, . \, \textit{Elektrisch Vermogen}$$

Leerrendement

Deze inzichten toegepast op leren en veranderen geven ons het volgende. Bij de omzetting van leervermogen naar veranderingsvermogen moeten we steeds rekening houden met een verlies. Dit verlies is rechtstreeks afhankelijk van de middelen die ter beschikking staan om het immateriële leervermogen om te zetten in het materiële veranderingsvermogen.

Het leerrendement geeft ons dan de nog ontbrekende factor om al het voorgaande vast te leggen in één overkoepelende wetmatigheid...

In formule

$$\textit{Veranderingsvermogen} = \eta \,.\, \textit{Leervermogen}$$

of

$$F_{HR} \,.\, v_{HR} = \eta \,.\, (LS \,.\, IS)$$

F_{HR}	de kracht (force) waarmee de Human Resources veranderingen introduceren
v_{HR}	de snelheid (velocity) waarmee de veranderingen worden doorgevoerd
$F_{HR} \,.\, v_{HR}$	het veranderingsvermogen van de human resources
LS	de leerspanning van de human resources
IS	de informatiestroom verbruikt door de human resources
LS . IS	het leervermogen van de human resources
η	het leerrendement (omzetting van leervermogen naar veranderingsvermogen)

In woorden

Mensen met duidelijke en uitdagende levensverwachtingen hebben een hoge leerspanning.

Het is deze leerspanning die hen in staat stelt om grote hoeveelheden informatie te verbruiken. Dit geeft hen uiteindelijk een hoog leervermogen.

Deze mensen stoppen echter niet bij het leren, ze zijn bereid om materiële middelen te investeren om het leervermogen om te zetten in veranderingsvermogen.

Met dit veranderingsvermogen passen ze hun omgeving aan om hun levensverwachtingen te realiseren.

De kracht en de snelheid waarmee ze hun omgeving veranderen is evenredig met hun leervermogen en het leerrendement.

Als het leerrendement gelijk is aan 1, dan slagen ze erin om wat ze leren (leervermogen) volledig om te zetten in verandering. Ze bereiken het maximale leerrendement. Des te minder ze hier in slagen, des te kleiner het leerrendement wordt. Het leerrendement wordt bepaald door de beschikbaarheid van materiële middelen.

Enkele uitspraken

- Als mensen niet bereid zijn om middelen te investeren in de omzetting van hun leervermogen naar veranderingsvermogen, dan verandert er niets.
- Mensen met een laag leervermogen kunnen dit compenseren door grote investeringen in de middelen.
- De grootte van de te overwinnen weerstand vermindert de snelheid van verandering.
- Indien mensen beschikken over een zelfde leervermogen, dan realiseren diegenen met de meeste middelen de meeste veranderingen.
- Mensen met weinig middelen dienen een hoger leervermogen te ontwikkelen. Op die manier is het toch mogelijk om dezelfde veranderingen te realiseren dan diegenen met meer middelen maar minder leervermogen.

HET IS NIET OMDAT ONS VERSTAND ONS
FORMULES OPLEVERT
DAT OOK HET OMGEKEERDE HET GEVAL IS.

4 Het grote tekort

We zijn ervan overtuigd dat de meeste mensen levensverwachtingen koesteren. Verwachtingen waarvoor ze zich willen inspannen. Velen zijn zelfs bereid om op zoek te gaan naar de juiste plaats om hun levensverwachtingen te kunnen realiseren. Het zijn allemaal mensen die ervoor zorgen dat ze een leervermogen ontwikkelen.

De grootste hinderpaal voor het realiseren van levensverwachtingen is het vinden van de middelen die het leervermogen kunnen omzetten in veranderingsvermogen. Het is het gebrek aan middelen dat het leerrendement zo klein kan maken dat er uiteindelijk geen veranderingsvermogen meer overblijft om onze levensverwachtingen te realiseren. Het is daarom enorm belangrijk dat, indien we onze levensverwachtingen ontwikkelen, we een inschatting kunnen maken van de nodige middelen. Doen we dit niet, dan wordt ons ganse leven een zoektocht naar het onbereikbare.

'Self-empowerment'

Self-empowerment is de bevoegdheid die we zelf nemen om de eigen middelen die ter beschikking staan, te gebruiken. Enkel als we voldoende self-empowerment bezitten, zijn we bereid om voldoende eigen middelen te investeren in onze levensverwachtingen. Het is zeer dikwijls het gebrek aan self-empowerment dat ons verhindert om eigen middelen in te zetten.

Er zijn voldoende voorbeelden van mensen die zoveel self-empowerment bezaten dat ze hun heel hebben en houden investeerden om hun levensverwachtingen te realiseren. Het zijn zij die er in slaagden om hun leervermogen om te zetten in veranderingsvermogen. Er zijn evenveel voorbeelden van mensen met een groot leervermogen en duidelijke levensverwachtingen die er niet in slaagden deze te realiseren, omdat ze weigerden om in hun eigen dromen voldoende te investeren.

Rantsoenering

Het is duidelijk dat, wanneer we het totaal van onze middelen bekijken, ze beperkt zijn. Daarom moeten we onze levensverwachtingen beperken.

Mensen die dit beseffen gaan zich neerleggen bij meer 'realistische' levensdoelen. Ze ontwikkelen voldoende discipline om hun middelen zo efficiënt mogelijk te verdelen over de verschillende levensdoelen die ze wensen te bereiken. Voor veel mensen is dit een uitdaging om 'U' tegen te zeggen.

Pas als mensen zich neerleggen bij hun persoonlijke mogelijkheden komen ze in evenwicht met zichzelf en hun omgeving.

Op zoek naar meer middelen

Anderen beseffen eveneens dat hun levensverwachtingen de middelen van het 'individu' overstijgen, maar leggen zich hier niet bij neer. Ze gebruiken hun eigen middelen als hefboom om meer middelen te verkrijgen. Ze verhogen als het ware hun rantsoen. Ze mobiliseren de rantsoenen van anderen om hun eigen levensverwachtingen te realiseren.

Ze ontwikkelen die kennis, die vaardigheden en dat gedrag om niet enkel te werken aan hun levensverwachtingen. Ze ontwikkelen ze eveneens om meer middelen te mobiliseren om hun levensverwachtingen te realiseren. Ze leven met twee paar ogen: één paar gericht op hun levensverwachtingen en één paar gericht op de noodzakelijke middelen.

Het zijn zij die de mensen in hun omgeving beginnen te 'managen'. Ze krijgen het 'handig voor elkaar' om hun levensverwachtingen, met de hulp van anderen, te realiseren. Deze laatste uitspraak vervolledigt de cirkel. We stappen over van de individuele realisaties naar de realisaties van meerderen. Organisaties en bedrijven worden geboren.

Zelfevaluatie

Op elk moment dienen we de veranderingen, waarvoor we verantwoordelijk zijn, te evalueren in functie van onze doelstellingen of levensverwachtingen. Indien we merken dat we onze levensverwachtingen niet kunnen realiseren binnen een vooropgestelde tijd, dan dienen we voor onszelf twee vragen te beantwoorden.

Is het noodzakelijk om de levensverwachtingen te herzien? ... of is het nog mogelijk om het veranderingsvermogen te verhogen?

Gelukkig zijn diegenen die deze controlemogelijkheid kunnen ontwikkelen. Voor hen is het verleden een leerschool en de toekomst ook.

7

De competente organisatie

Het management is verantwoordelijk voor de overleving van de bedrijfscultuur. Dit kan enkel als ze competent is in het managen van de competenties van de medewerkers.

Jeff's Law® kan een kompas zijn om deze managementcompetenties doelgericht te ontwikkelen. Competenties die de organisatie niet alleen laten overleven, maar ook laten overleveren. Het zijn organisaties die de vereiste kundigheden en bevoegdheden ontwikkelen om zelf een toekomst uit te tekenen.

1 Het kompas met de 5 richtingen

Het kompas van de medewerker

Elke medewerker in een organisatie beschikt over een veranderingsvermogen dat bepaald wordt door $F_{HR}.v_{HR}= \eta.(LS.IS)$.

Afhankelijk van zijn leerspanning (LS), het verbruik van informatie (IS) en de grootte van de investering in zijn levensverwachtingen (η) is hij een creator, een pionier, een follower of een settler. Het veranderingsvermogen van de creator is het grootst en die van de settler het laagst.

Medewerkers die hun veranderingsvermogen wensen te vergroten moeten hun competenties ontwikkelen in de volgende 5 richtingen.

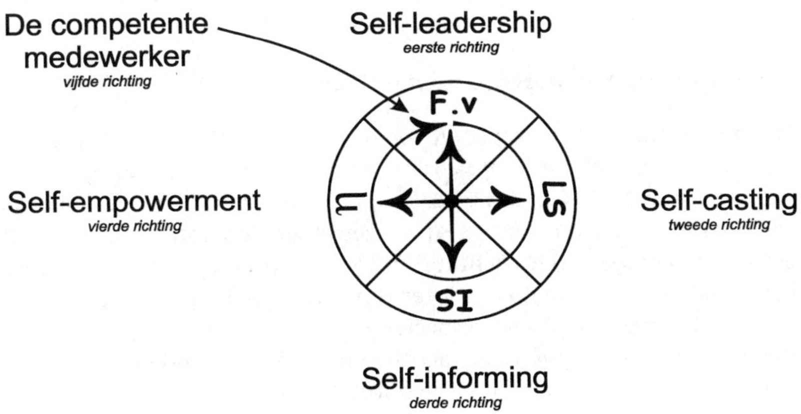

Richting 1: Self-leadership

Ze ontwikkelen een hoge mate van self-leadership gebaseerd op duidelijke levensverwachtingen. Naast een positieve gedrevenheid zijn ze in staat om een inschatting te geven van het nodige veranderingsvermogen om hun doelstellingen te bereiken. Het is dit vermogen dat zij opbouwen tijdens de ontwikkeling van hun kundigheden en bevoegdheden.

Richting 2: Self-casting

Medewerkers gedreven door levensverwachtingen, gaan op zoek naar hun juiste plaats. Ze weten dat ze moeten migreren naar die rol die positief inspeelt op hun leerspanning. Enkel als ze hierin slagen is de fundering gelegd voor de ontwikkeling van een groot leervermogen.

Richting 3: Self-informing

Eens op hun juiste plaats, start de hunker naar informatie. Ze gaan zelfstandig op zoek naar relevante informatie en ontwikkelen een zeer efficiënt en effectief leergedrag. Het is dit gedrag dat hun leervermogen tot maximale hoogten brengt.

Richting 4: Self-empowerment

Medewerkers die een groot leervermogen ontwikkelen, werken elke dag aan het opbouwen van de vereiste kundigheden. Dit laatste geeft hen het vertrouwen om eigen middelen te investeren. Het is deze investering van de eigen middelen die het self-empowerment of het zelf opnemen van de bevoegdheid bepaalt.

Richting 5: De competente medewerker

De competente medewerker zorgt voor een ontwikkelingsspiraal die begint bij het vormen van de levensverwachtingen (richting 1), het opbouwen van de kundigheden (richting 2 & 3), het investeren van de middelen (richting 4) en het vergelijken van de gerealiseerde veranderingen met de gewenste veranderingen (richting 1). De competente medewerker stuurt continu deze spiraal bij met de levensverwachtingen als einddoel.

Zij die deze spiraal niet respecteren, ontwikkelen kundigheden zonder doel, fantaseren levensverwachtingen zonder de kundigheden te ontwikkelen of investeren in een lege doos. Ze zijn incompetent.

Het kompas van de manager

Een competence manager ontwikkelt de competenties van medewerkers. Hierdoor vergroot hij het veranderingsvermogen van zijn medewerkers. Dit is enkel mogelijk als hij vaardigheden ontwikkelt die zijn medewerkers sneller laten evolueren langs de verschillende richtingen van het kompas.

Het kompas gebruikt voor de zelfontwikkeling van medewerkers kan hergebruikt worden om richting te geven aan de noodzakelijke ontwikkeling van de manager.

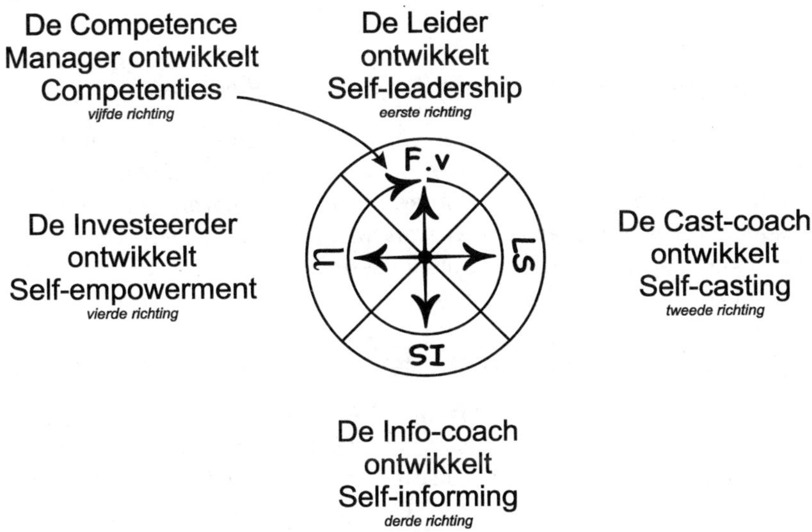

Richting 1: De leider in de competence manager

De leider zorgt ervoor dat medewerkers professionele levensverwachtingen ontwikkelen. Hij steunt en begeleidt hen in dit proces. Door dit te doen werkt hij mee aan de fundering waarop de verdere ontwikkeling van de medewerker kan gebaseerd worden. De leider zorgt ervoor dat medewerkers het doel en het nodige veranderingsvermogen zien.

Richting 2: De cast-coach in de competence manager

De cast-coach vergroot de leerspanning bij medewerkers door mee op zoek te gaan naar hun juiste rol. Enkel op deze manier kan hij medewerkers brengen tot een natuurlijk leergedrag. Cast-coachen werken dus mee aan een kunstmatige vergroting van het leervermogen.

Richting 3: De info-coach in de competence manager

Eens dat mensen op de juiste plaats geraakt zijn, dient de info-coach in te spelen op hun natuurlijke behoefte aan informatie. Kan hij deze rol vervullen, dan gaat het leervermogen van de medewerker naar een nooit gezien maximum.

Richting 4: De investeerder in de competence manager

Medewerkers met een groot leervermogen dat gebaseerd is op professionele levensverwachtingen moeten de kans krijgen om hun kundigheden in de praktijk om te zetten. De investeerder zorgt hierbij voor de nodige middelen. Hij investeert als het ware in de veranderingen. Door dit te doen verhoogt hij kunstmatig de omzetting van leervermogen naar veranderingsvermogen.

Richting 5: De competence manager

De competente competence manager heeft de vereiste kundigheden en bevoegdheden om medewerkers te begeleiden in de vier vorige richtingen. Hij respecteert hierbij de volgorde van de vier richtingen. Deze richting is de mentale vijfde richting. Ze zorgt ook voor de bijsturing van de professionele levensverwachtingen van medewerkers en de noodzakelijke competentieontwikkeling. Ze legt het verband tussen visie, juiste rol, leerkundige informatieverwerking en investeringen.

De competence manager is vanuit deze benadering een professional die erin slaagt om alle vijf de vaardigheden te beheersen: de vaardigheden van de leider, van de cast-coach, van de info-coach en van de investeerder. Als vijfde vaardigheid slaagt hij erin evenveel aandacht te besteden aan deze 4 richtingen, waarbij de medewerkers worden begeleid volgens de vijfde richting van het kompas.

Het kompas van de organisatie

Als een bedrijfscultuur meer veranderingsvermogen nodig heeft, volstaat het niet het vermogen van de individuele medewerkers te verhogen. Het management staat dan voor de opdracht om een samengesteld veranderingsvermogen te ontwikkelen. Dit is een veranderingsvermogen dat tot stand komt op het moment dat alle medewerkers hun inspanningen op elkaar afstemmen. Enkel op deze manier is het mogelijk voldoende vermogen te mobiliseren om deel te nemen aan de wereldwijde competitie. Enkel op deze manier kunnen bedrijfsculturen hun processen snel genoeg afstemmen op de markt.

Zonder een professioneel en bedrijfsoverkoepelend competence management is het onmogelijk dit collectief veranderingsvermogen te bereiken. De hoogste tijd om de managementfunctie te herwaarderen tot een beroep in plaats van een kader in een organigram.

Het volgende kompas geeft de richting aan waarin een organisatie haar competenties dient te ontwikkelen.

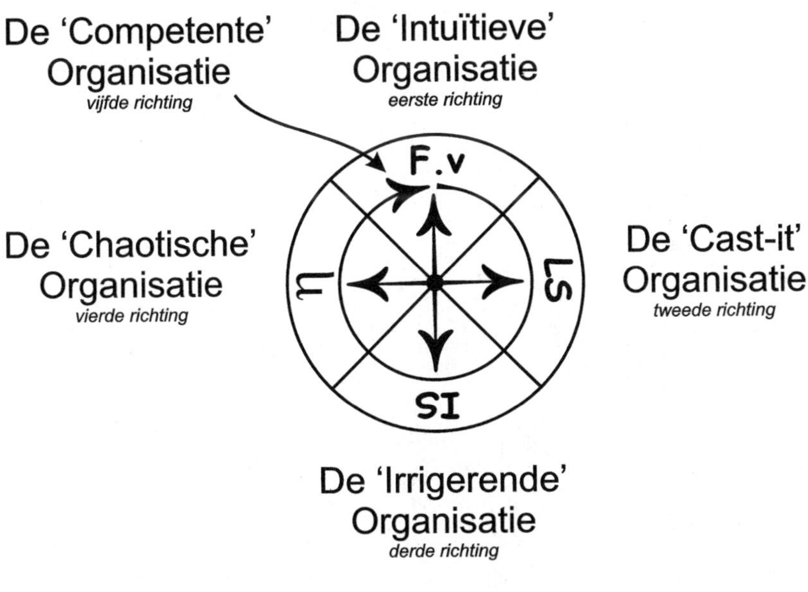

Een organisatie die zich niet alleen snel aan de markt kan aanpassen, maar ook een krachtig sturende rol wil spelen op deze markt vertoont vier stijlkenmerken. Ze is intuïtief, 'cast-it' minded, irrigerend en chaotisch.

Als ze dit weet te bereiken, wordt het collectieve veranderingsvermogen het grootst.

De volgende delen in dit hoofdstuk gaan dieper in op deze kenmerken. We besteden daarbij speciale aandacht aan de noodzakelijke competenties van het management. De competente competence manager bezit de kundigheden en bevoegdheden om zijn team of organisatie te begeleiden in de 5 verschillende richtingen.

2 De 'Intuïtieve' Organisatie

Een 'intuïtieve' organisatie is een bedrijfscultuur die, te midden van chaotisch lijkende veranderingen, toch een juiste weg kan vinden. Trends, levensverwachtingen en een gezonde portie intuïtie worden verweven tot een te realiseren verhaal. Een verhaal dat een beeld schetst van de toekomst van de bedrijfscultuur.

Het verhaal levert het noodzakelijke visievermogen. Het is een verhaal zonder einde, telkens opnieuw worden nieuwe uitdagende stukken toegevoegd. Het is een verhaal vol met onverwachte wendingen die inspelen op nieuwe informatie en veranderingen. Het geeft een inzicht in de grootte van het noodzakelijke veranderingsvermogen om de visie te realiseren. Het is een interactief verhaal met een strategie. Een strategie die medewerkers op een enthousiaste manier kan overtuigen om deel te nemen aan het verhaal. Niet omdat het moet, maar omdat ze het willen. Omdat ze intuïtief aanvoelen dat het juist is. Interactief omdat hun eigen professionele levensverwachtingen versmolten kunnen raken in het verhaal. Het is een bedrijfscultuur waar de levensverwachtingen van de managers en de medewerkers samensmelten tot die ene 'corporate shared vision'.

Het is een bedrijfscultuur die ontstaat door de gedrevenheid van de 'leider'.

Natuurlijke leiders promoveren hun levensverwachtingen

Als mensen levensverwachtingen wensen te realiseren dan ontwikkelen ze een veranderingsvermogen dat hun omgeving aanpast aan hun behoeften, aan hun verwachtingen.

Afhankelijk van de levensverwachtingen dient dit vermogen groot of klein te zijn. Voor sommigen onder ons zijn de levensverwachtingen zo groot, dat een enkeling het vermogen onmogelijk kan leveren. Het zijn mensen die levensverwachtingen koesteren waar gemeenschappen, bedrijven of teams in voorkomen. De levensverwachtingen overstijgen hierbij de mogelijkheden van het individu.

Natuurlijke leiders zijn mensen die erin slagen om hun levensverwachtingen te promoveren. Ze maken ze zichtbaar voor anderen. Ze slagen erin om hun levensverwachtingen te laten aanvaarden door anderen. Velen beginnen de dromen, de levensverwachtingen, de doelen, de visie van een enkeling te aanvaarden. Meer nog, ze gaan ze ondersteunen. Een samenwerkende gemeenschap of een samenwerkend team is het resultaat. De natuurlijke leider is geboren.

Enkel mensen die de nodige kundigheidcocktail bezitten kunnen evolueren tot dit soort van leider. Zij kennen de behoeften en de levensverwachtingen van hun medewerkers en verwerken deze in hun eigen levensverwachtingen. Zij beleven het verschil tussen het promoveren van zichzelf en het promoveren van hun levensverwachtingen.

Natuurlijke leiders kunnen met een team een kracht ontwikkelen die de veranderingskracht van een individu vele malen overstijgt. Een kracht, groot genoeg om een droom te realiseren. Teamwork is dan niet langer een begrip, maar een werkwoord.

De gemeenschappelijke visie

Een technische manager kan nooit een gemeenschappelijke visie realiseren, omdat hij managet vanuit zijn technische competentie en niet vanuit zijn levensverwachting. Hij duwt elke medewerker in een bepaalde richting. Geeft instructies en controleert iedereen op de uitvoering ervan.

De natuurlijke leider daarentegen duwt niet, hij geeft enkel de richting aan. Medewerkers komen zelf in beweging. Hij creëert als het ware een onzichtbaar krachtveld rond zijn team dat vele malen meer richtinggevender is dan wat een technisch manager kan bereiken.

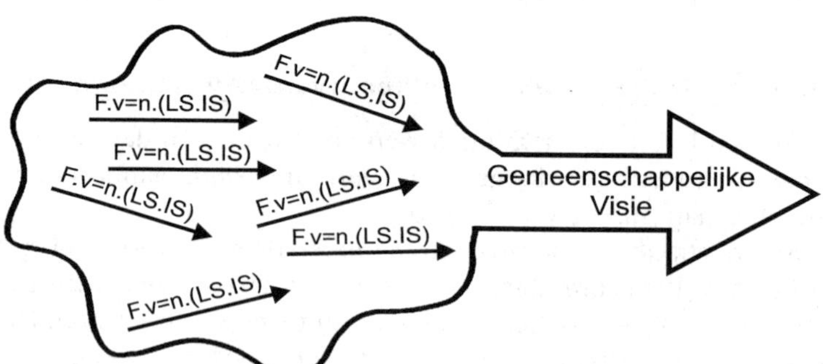

Net zoals in de natuur, waar de meeste planten zich ontwikkelen in de richting van een gemeenschappelijke zon, ontwikkelen medewerkers zich in de richting van de gemeenschappelijke visie. Een visie waar zij zich goed bij voelen. De visie wordt, net als de zon voor de planten, een onbereikbaar punt dat toch bereikbaar lijkt. De leider dient er enkel voor te zorgen dat de gemeenschappelijke visie, gemeenschappelijk blijft. Het is deze visie die de kiem vormt van het gemeenschappelijke of collectieve veranderingsvermogen.

Het is belangrijk dat medewerkers die zich niet thuisvoelen in de gemeenschappelijke visie van een team, op zoek gaan naar een ander team waar er wel plaats is voor hun eigen verwachtingen. Doen ze dit niet, dan is de kans groot dat hun professionele verwachtingen verwelken en ze niet komen tot een optimale competentieontwikkeling. Op dat moment moet de 'cast-coach' overnemen. Meer hierover in het volgende deel.

Levensverwachtingen zijn misschien de intiemste bezittingen die iemand kan koesteren. Het is iets waarover mensen niet graag praten, omdat derden hun uitspraken misschien kunnen misbruiken. Toch dient de natuurlijke leider, deze horde te nemen. Doet hij dit niet, dan is het onmogelijk om te evolueren naar een gemeenschappelijke visie. Hij moet zijn professionele levensverwachtingen willen en kunnen communiceren. Dit is de echte bron van de gemeenschappelijke visie.

De collectieve intuïtie

Een visie heeft altijd iets intuïtiefs. Het gevoel dat je hebt wanneer je een bepaalde richting kiest zonder echt zeker te zijn dat het de juiste is. Je houdt wel rekening met alle kennis die je bezit, maar toch mis je de ultieme zekerheid. Het enige wat je kan doen is rekening houden met nieuwe gegevens en continu bijsturen.

Als leider dien je te beseffen dat elke medewerker in het team beschikt over unieke kennis, en dat ook hij een intuïtieve visie heeft op de toekomst. Daarom dien je rekening te houden met de intuïtie van elke medewerker in je team.

Let wel dat je als leider verantwoordelijk blijft voor een gemeenschappelijke teamvisie. Sommige medewerkers kunnen immers onmogelijk intuïtief beslissen. Ze zullen steeds afkomen met redenen waarom het niet zal gaan. Steeds zijn ze op zoek naar onmogelijk te genereren feiten en cijfers. Het is aan de natuurlijke leider om ervoor te zorgen dat er voldoende consensus binnen het team komt om de intuïtieve duik in de toekomst te nemen.

Indien je erin slaagt om 'intuïtief beslissen' te laten aanvaarden als een zinvol werkwoord, dan creëer je een gevoel van collectieve intuïtie. Het gevolg hiervan is dat je intuïtieve visie correcter zal zijn.

De 'Corporate shared vision'

Als multinationals met elkaar in competitie treden wordt het noodzakelijke veranderingsvermogen zo groot dat ze de mogelijkheden van teams overstijgt. Teams worden dan verplicht hun krachten te bundelen. Zelfs bedrijfsculturen dienen samen te werken, willen ze een significante rol spelen op wereldschaal.

Enkel een 'corporate shared vision' kan dit realiseren. Een visie waarin elke leider in het bedrijf zich kan vinden. Een visie die vertaalbaar is naar elke medewerker.

De leiders die er in slagen om een 'corporate shared vision' te realiseren worden de natuurlijke 'top leiders' van een bedrijf. Het zijn mensen met zeer uitdagende professionele levensverwachtingen. Ze bezitten de juiste competenties om elke medewerker, met behulp van het middenmanagement, in dezelfde richting te zetten. Een niet onaardige uitdaging! Ze zijn letterlijk en figuurlijk hun gewicht in goud waard.

Het aantal managementniveaus is afhankelijk van de visie

Om een groot veranderingsvermogen te verkrijgen dien je te beschikken over een visie die ondersteund en nagestreefd wordt door een groot aantal medewerkers. Het is door de menselijke beperkingen niet steeds mogelijk dat één manager deze gemeenschappelijke visie bereikt. Enkel indien je als topmanagement beschikt over een voldoende aantal natuurlijke leiders in het middenmanagement, wordt het mogelijk om een gemeenschappelijke visie te realiseren.

De echte vlakke of horizontale organisatie duidt op een organisatie met weinig hiërarchische niveaus, omdat ze beschikt over een voldoende aantal natuurlijke leiders. Leiders die meewerken aan de 'corporate shared vision'.

In een bedrijf dat niet beschikt over een voldoende aantal natuurlijke leiders, bepaalt de hoeveelheid van controle op werken en leren het aantal managers. In dit geval belanden we terug in de sfeer van het technisch management. Medewerkers dienen immers, bij gebrek aan zichtbaarheid van de overkoepelende visie, exact op de hoogte te worden gebracht over wat ze moeten doen, hoe ze het moeten doen en tegen wanneer ze het moeten doen. Het visievermogen van het bedrijf wordt dan te laag om te kunnen overleven op de markt.

Bovenstaande kan de indruk wekken dat het topmanagement de rechtstreekse contacten met de medewerkers mag verwaarlozen. Niets is minder waar. Het topmanagement moet blijvend communiceren met alle medewerkers van de organisatie. Op geen enkel moment mag er twijfel ontstaan over de richting die het bedrijf wenst te varen. Het middenmanagement heeft de taak het topmanagement hierin te ondersteunen en te begeleiden. Zij zorgen voor de extra vertaling doorheen de organisatie. Het zijn zij die de 'corporate shared vision' vertalen naar de verschillende teamvisies.

Visie en strategie, de krijttekeningen op het missiebord

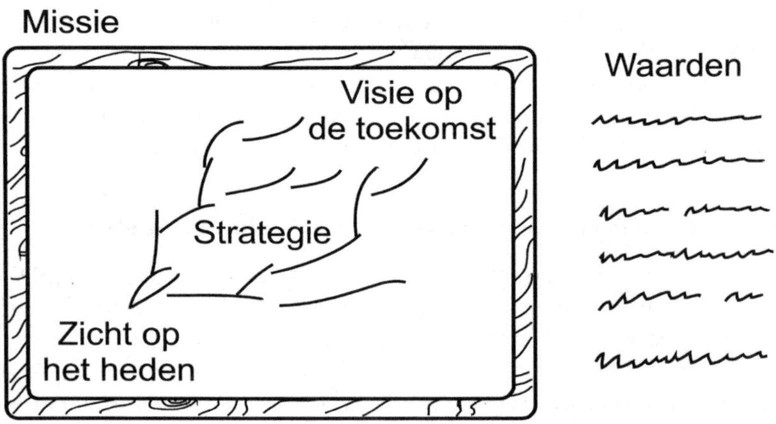

De missie omkadert het bord

Leiders moeten kunnen beslissen. Het is het maken van keuzes die hun hele professionele loopbaan zal overheersen. Een eerste keuze die ze maken is de omkadering van het bord waarop ze hun plannen en levensverwachtingen tekenen.

Het kader of de grenzen van het missiebord wordt bepaald door de mogelijke producten en diensten die het team of de organisatie wil leveren. De missie geeft een antwoord op het waarom en het wat. Ze motiveert de reden van bestaan en geeft een eerste gevoel van richting voor het collectieve veranderingsvermogen.

Soms veranderen de grenzen van het bord. Ze zullen mee evolueren met de levensverwachtingen en de omgeving. Het is fout om te veronderstellen dat de missie een vaststaand iets is.

De waarden zijn de spelregels

Gelijklopend met de ontwikkeling van het missiebord stelt de leider spelregels op. Medewerkers die actief willen blijven op het bord van de leider (of van de organisatie) dienen deze te respecteren. Elke spelregel bevat een gegeven waaraan de leider uitzonderlijk veel waarde hecht.

Het zijn waarden die voornamelijk zullen afhangen van de persoonlijke waarden van de leider. Het is immers zeer belangrijk dat de leider de waarden op een natuurlijke manier beleeft. Enkel indien ze 'echt' zijn kunnen ze uitgroeien tot bedrijfs- of teamwaarden. Niets is zo erg als waarden op papier te zetten zonder dat de leidinggevende er zelf naar leeft.

Waarden kunnen enkel bestaan in een bedrijf indien de keten van managementfuncties erin slaagt om ze ononderbroken door te geven. Eén missende schakel in dit voorbeeldgedrag maakt de waarden zinloos voor de schakels na de breuk.

Toekomst en heden zijn punten op het bord

Na de omkadering van het missiebord en het opstellen van de waarden begint de leider, in samenwerking met zijn medewerkers, te tekenen. Hij gebruikt hiervoor krijt en een bordveger. Linksonder tekent hij het 'zicht' op het heden en rechtsboven de 'visie' op de toekomst.

Terwijl hij tekent vertelt hij een verhaal. Een verhaal over de toekomst en het heden. Leiders die dit realiseren op een beklijvende manier, scheppen de toekomst. Ze beseffen dat ze inspirerend moeten communiceren op een manier die rekening houdt met de verwachtingen van de medewerkers. Enkel dan kan de gemeenschappelijk visie vorm krijgen.

Natuurlijke leiders beseffen eveneens dat het niet volstaat om een visie te omschrijven in een aantal korte statements die dan langs alle communicatiekanalen verspreid wordt. Dit werkt nu niet en heeft nooit gewerkt. Het is een illusie waarin nog te veel technische managers geloven. Een visie is een verhaal voor volwassenen, met een professionele passie verteld. Het bevat alle elementen van een sprookje. Alleen begint het niet met 'er was eens...' maar met 'er zal eens...'.

De strategie is de wegenkaart tussen heden en toekomst

Steeds opnieuw zet de leider zijn medewerkers aan om het ongekende landschap tussen het heden en de toekomst te ontdekken.

Zijn medewerkers worden medereizigers in een ontdekkingstocht naar nieuwe processen en systemen. Het wordt een zoektocht door het onbekende, waarbij de medewerkers steeds op zoek zijn naar de juiste strategie om de weg tussen het heden en de toekomst af te leggen.

Vindt de leider de juiste medewerkers, dan wordt het missiebord een werkbord. Een bord vol met krijtlijnen die vertrekken vanuit het heden en streven naar de toekomst. Krijt en bordveger worden de belangrijkste instrumenten. Steeds opnieuw komen er lijnen bij, steeds opnieuw worden er lijnen weggevaagd.

Belangrijk is het om het heden te begeleiden op het juiste pad naar de toekomst. Teams die hierin slagen zijn meesters in 'strategische denken'. Ze zijn het heden steeds een stap voor. Telkens opnieuw slagen ze erin om een stuk weg af te krijgen. Een weg die verdwijnt in het oneindige.

Het veranderingsvermogen is de drijfkracht

Enkel als medewerkers en leidinggevenden het heden veranderen kunnen zij de visie realiseren. Het nodige veranderingsvermogen, $F_{HR}.v_{HR}= \eta.(LS.IS)$, is dan het vermogen dat de bedrijfsprocessen dient te veranderen om de strategische weg af te leggen.

Het is belangrijk dat de leidinggevende de strategie uitdrukt in termen van te bereiken veranderingskracht en -snelheid. Deze beeldvorming geeft medewerkers een gevoel van het te ontwikkelen leervermogen. Het geeft ook een idee van de nodige middelen.

De visie geeft het onbereikbare eindpunt, de strategie geeft aan wat er dient te veranderen om daar te geraken.

Fictie, de achterkant van het bord

Leiders hebben dikwijls een verborgen agenda. Het is hier dat ze datgene schrijven wat niemand mag weten. Beetje bij beetje vertalen ze deze agenda naar een visie die hun medewerkers kan inspireren. Ze zijn het aan zichzelf verplicht om hun ultieme, professionele levensverwachtingen voor zichzelf te houden. Dit is nodig omdat de spanning tussen het heden en 'hun' toekomst te groot kan worden voor hun medewerkers. De achterkant van het bord is slechts toegankelijk als de leider voelt dat zijn team er rijp voor is. Slechts dan kan hij het bord omdraaien. Op dat moment kan en wil iedereen vrijuit praten over zijn toekomst. Op dat moment krijgt de visie een vleugje fictie.

Leiders beseffen dat ze de vertaling van hun verwachtingen naar hun omgeving, moeten afstemmen op de verwachtingen van hun medewerkers. Slagen zij hier niet in, dan kan de kracht die kan uitgaan van een visie niet opgewekt worden. De medewerkers haken als het ware af. De leider wordt een 'fantast'.

De nieuwe competenties van de manager

De gelijkenis van de titel met 'de nieuwe kleren van de keizer' is niet toevallig. Indien de technische manager zich niet bewust wordt van de wijzigende rol van het management in bedrijven, dan blijft hij denken dat hij de juiste management competenties 'aanheeft'. Enkel indien hij zich bewust wordt van zijn naaktheid, kan hij op zoek gaan naar nieuwe kledingsstukken.

Het is voor deze bewuste managers dat we een opsomming geven van mogelijke competenties die hem kunnen helpen bij de samenstelling van zijn nieuwe garderobe. Het wordt een etalage vol nieuwe vereiste kundigheden en bevoegdheden.

Een leider die een gemeenschappelijke visie wil opbouwen...

- slaagt erin om zijn persoonlijke visie te promoten tot een teamvisie. Leidinggevenden die geen persoonlijke visie hebben of ze niet kunnen communiceren gaan er nooit in slagen om een team te inspireren.
- Evolueert naar zijn juiste plaats in het management van een organisatie. Hij is bereid om zelf te investeren om zijn droom te realiseren. Zelfs als hij daarvoor van functie of organisatie moet veranderen. Hij vindt de 'match' tussen zijn persoonlijke visie en de visie van een organisatie.
- Is geen echte techneut, maar is goed op de hoogte van de megatrends. Enkel als mensen een intuïtieve kijk op de toekomst kunnen ontwikkelen wordt het mogelijk om een visie en een strategie neer te schrijven.
- Kan eenduidigheid brengen in zijn team of organisatie rond de begrippen missie, waarden, visie en strategie. Slaagt hij hier niet in, dan gaat er teveel tijd verloren aan woordspelletjes.
- Kan een boeiend, meeslepend en intuïtief verhaal vertellen over de toekomst van zijn team, afdeling of bedrijf. Het is dit vermogen om een visie over te dragen dat ervoor zorgt dat paradigma's geen kans krijgen om nutteloos overeind te blijven.

- Zorgt ervoor dat in de gemeenschappelijke visie ruimte is voor de persoonlijke verwachtingen van zijn medewerkers. Slechts dan wordt ze gedragen door elke medewerker.
- Bezit de vaardigheden om een gemeenschappelijk toekomstbeeld te schetsen dat gebaseerd is op de collectieve intuïtie van het team. Op deze manier wordt de visie intuïtief correcter.
- Straalt vertrouwen uit door een diep geloof in het verhaal dat hij samen met zijn medewerkers uitstippelt. Het is iemand die niet bang is om de verantwoordelijkheid omtrent de visie te dragen, of de visie uitdagend te formuleren. Het is iemand die geen genoegen neemt met een bevestiging van het heden. Dit vraagt moed.
- Zorgt ervoor dat de missie en de waarden niet alleen woorden blijven maar elke dag worden beleefd. Hijzelf is het voorbeeld van wat hij van de organisatie verwacht.
- Is snugger genoeg om te beseffen dat, indien hij bovenstaande vaardigheden niet kan ontwikkelen, hij dient uit te kijken naar een nieuwe rol in het verhaal van het bedrijf. Een rol die geschreven is op zijn 'lijf' en levensverwachtingen. Hij beseft dat 'management malpractice' de overlevingskansen van het bedrijf of het team in gevaar brengt.
- Is bevoegd om een teammissie, -visie en -strategie neer te schrijven. Indien hij dit niet mag, is zijn manager een technisch manager.

Bovenstaande vaardigheden zijn niet nieuw. Reeds in 1920 wisten Tead en Metcalf in hun boek 'personnel administration' de rol van de leider duidelijk te omschrijven.

"He has creative, sober imagination. The ablest leader must be able to project himself into the future. He is a practical idealist who not only dreams of new ways of doing things, but can actually do them. He thinks and lives in the future. Property and business are to him a means to an end; they are an expression of creative activity.

The business leader has sound judgement. He knows whether his ideas are workable, and when he plans for the future. He has common sense as well as imagination.

Every executive needs courage, if he is to transform his ideas into action, and if he is to put new processes and better methods into effect. Many a leader has failed because he was timid, and because he tried to please everybody. A good manager stands his ground unflinchingly against the inertia of habit and prejudice."

Het idee van de gemeenschappelijke visie was misschien nog ver weg, maar toch geeft dit beeld van de ideale executive uit de jaren 1920 stof tot nadenken. Voordat je kan praten over een gemeenschappelijke visie hebben we leiders nodig die kunnen denken en leven in de toekomst.

3 De 'Cast-it' Organisatie

Een 'cast-it' organisatie is een bedrijfscultuur met een juiste rolbezetting of 'casting'. Het is een bedrijfscultuur waarin alle medewerkers benaderd worden als 'post-it' puzzelstukjes. 'Post-it' stukjes die zonder kans op beschadiging zichzelf kunnen verplaatsen naar hun juiste rol. Hun juiste plaats in het verhaal. Een rol die het beste van hun kennen en kunnen naar boven brengt. Een rol die de medewerker een hoge leerspanning laat ontwikkelen. Het is een bedrijf waar de leerspanning het signaal is waarop het management wordt aangesproken in zijn streven naar een hoog leervermogen. Het is een cultuur die medewerkers aanmoedigt om openlijk te praten over hun levensverwachtingen. Het is een bedrijf waarin een grote natuurlijke jobrotatie plaatsgrijpt. Niet omdat het moet, maar omdat het mag. Het is een bedrijfscultuur die de 'cast-coach' realiseert.

Cast-coaches verhogen de leerspanning

De leider in een organisatie is eindverantwoordelijke voor de ontwikkeling, de communicatie en de beleving van de missie, de waarden, de visie en de strategie. Het zijn die elementen die ervoor zorgen dat medewerkers weten in welke richting de bedrijfscultuur dient te evolueren. Het verhaal van de leider geeft ook een idee van het veranderingsvermogen dat nodig is om de bedrijfscultuur aan te passen.

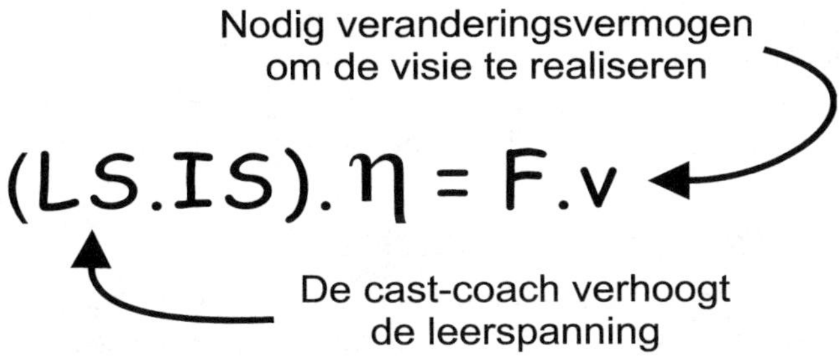

De cast-coach bouwt verder op het werk van de leider. Voor hem zijn de visie en de strategie een te realiseren scenario, een nieuw te spelen theaterstuk. Hoe moeilijker en uitdagender het scenario, des te gemotiveerder hij wordt om ervoor te zorgen dat de toeschouwers applaudisseren als de acteurs het theaterstuk op de planken brengen.

Bedrijfsculturen vergelijken met een theater lijkt misschien wel vreemd, maar het kan gebruikt worden om de onmisbare rol van de castcoach te verduidelijken. Hij is het immers die verantwoordelijk wordt voor het zoeken naar de juiste medewerkers of het casten van de juiste acteurs. Dit zoeken gebeurt in twee fasen.

Fase 1

Cast-coaches lopen de wereld rond met het missiebord van de leider boven het hoofd. Steeds zijn ze op zoek naar medewerkers die mee willen tekenen op het bord. Medewerkers die het bord zien als een medium waarop ook hun levensverwachtingen tot uiting kunnen komen. Dit willen deelnemen aan het verhaal is een eerste voorwaarde om te komen tot een hoge leerspanning. Zonder de visie en de strategie van de leider is het voor de cast-coach onmogelijk om dit werk te doen.

Het is belangrijk dat het missiebord van de ganse organisatie en van elk team beschikbaar is voor alle medewerkers. Enkel als de organisatie dit realiseert, kunnen medewerkers op zoek gaan naar hun juiste rol. Met de huidige communicatiemogelijkheden kan je dit op een zeer efficiënte wijze realiseren.

Fase 2

Het is niet omdat acteurs willen acteren in een stuk, dat dit automatisch een hoge leerspanning tot gevolg heeft. Je bereikt enkel een hoge leerspanning als je de acteurs die rollen laat spelen die tegemoetkomen aan hun professionele verwachtingen. Slaagt de cast-coach niet in deze opdracht, dan is de leerspanning en het uiteindelijke veranderingsvermogen te laag om de bedrijfscultuur snel genoeg te veranderen.

Mis-casting zorgt voor vermogenverlies

Er is niets erger dan een mis-casting van acteurs in een theaterstuk. Bij een mis-casting worden acteurs in rollen geplaatst die hen niet liggen. Ze slagen er maar niet in om de vereiste rol in te vullen. Het publiek zal niet applaudisseren en de leider zal zijn visie nooit gerealiseerd zien. Om deze reden is het zeer belangrijk de juiste acteurs te vinden voor de vereiste rollen.

Een groot verschil tussen medewerkers in bedrijfsculturen en acteurs in theaterstukken is de duur van een mogelijke mis-casting. Bij het theater wordt mis-casting direct afgestraft door het publiek, door de klant van het toneelgezelschap. Onmogelijk voor een acteur die de vereiste competenties niet bezit om het publiek te laten applaudisseren. Zelfs niet in het geval van een komedie. Er zijn geen structuren waarachter de acteur zichzelf kan verbergen. Zowel de competentie van de cast-coach als van de acteur wordt onmiddellijk in vraag gesteld.

In bedrijfsculturen kan mis-casting jaren blijven bestaan. Pas als de competitie toeneemt kan misplaatsing zichtbaar worden. Dit wordt dan merkbaar door de povere bijdrage van de betrokken medewerkers aan de nodige veranderingsprocessen. Te snel wordt dan uitgepakt met het begrip min-presteerder in plaats van mis-casting.

We zijn ervan overtuigd dat het overgrote deel van min-presteren veroorzaakt wordt door te weinig aandacht aan de casting. Aan de basis van dit probleem ligt een tekort aan managementvaardigheden om de juiste medewerkers op de juiste plaats te krijgen. Mis-casting gebeurt zowel voor management functies als voor uitvoerende functies.

De competente cast-coach beseft dat, als hij erin slaagt om de juiste acteurs te vinden, hij elk stuk kan spelen dat de leider uittekent op het missiebord van de organisatie. Het is de gave om het sterke in medewerkers te herkennen en ze te begeleiden naar hun juiste rol dat de cast-coach de onmisbare rechterhand maakt van de leider. In deze context is het belangrijk dat de cast-coach mis-casting zo snel mogelijk opmerkt en verhelpt.

Casting is een 'post-it' gebeuren

Het plaatsen van medewerkers is voor de cast-coach een even dynamisch gebeuren als de opbouw van een visie dat is voor de leider. Zoals de leider beslissingen moet nemen op basis van intuïtie, moet ook de cast-coach intuïtief aanvoelen wie het meest geschikt is voor een bepaalde rol. Casting moeten we benaderen als een zeer levendig gebeuren. Niet alle informatie is immers beschikbaar om zeker te zijn dat iemand in een bepaalde rol zal presteren.

Het is belangrijk dat zowel de cast-coach als de medewerker dit beseffen. Beiden hebben er alle belang bij dat de rollen juist worden ingevuld. De ene wil een prima toneelstuk afleveren, de andere moet zijn competenties continu ontwikkelen. Dit laatste kan pas in de juiste rol.

Technische managers gaan mis-casting steeds trachten te benaderen als een min-prestatie van medewerkers. Een technisch manager leeft immers in het paradigma van foutloosheid. Dit heeft tot gevolg dat de medewerker een min-etiket krijgt opgeplakt, en dat het zelfvertrouwen en het zelfrespect van medewerkers wordt beschadigd. De technische manager blijft meestal buiten schot.

De competente cast-coach gaat min-presteren eerst benaderen als een mogelijk symptoom van mis-casting en in overleg met de medewerker op zoek gaan naar een juistere plaats. Hij benadert medewerkers als post-it puzzelstukjes die op zoek zijn naar hun juiste plaats in de bedrijfscultuur. Net zoals bij een echte puzzel vraagt dit veel geduld en tijd. Zeer dikwijls zijn medewerkers zelf nog op zoek naar hun levensverwachtingen. De cast-coach begeleidt hen in dit proces.

Organisatieculturen waarin cast-coaches kunnen komen tot dit niet beschadigend personeelsbeleid kunnen we typeren als cast-it organisaties. Het zijn organisaties die erin geslaagd zijn om het eierdoos-effect van de huidige organigrams en afdelingen te doorbreken. Met dit effect bedoelen we dat de medewerkers zo vast in hun rol zitten dat je letterlijk en figuurlijk alles op zijn kop dient te zetten voordat er iets beweegt. Spijtig genoeg zijn er dan zoveel beschadigingen veroorzaakt dat er allesbehalve over een post-it actie kan worden gesproken.

Natuurlijk jobrotatie

De onderstaande vertaling van een artikel uit de Washington Post (8/6/97) is een goede inleiding voor dit deel.

Als reactie op het eindeloos veranderen van jobs door software ontwerpers in Silicon Valley gaf UC-Berkeley professor AnnaLee Saxenian volgende commentaar: *"Mensen maken grapjes over het feit dat je van job kan veranderen zonder te moeten wisselen van car-pool. Het is beter om Silicon Valley te benaderen als een regio in plaats van een industriegebied met onaf-*

hankelijke bedrijven. Sommige mensen zeggen dat ze werken voor Silicon Valley. Hun loyaliteit gaat meer naar de geavanceerde technologie en de regio dan naar de verschillende bedrijven.

Het is belangrijk dat cast-coaches in dit soort van omgevingen zichzelf zien als wegwijzers voor medewerkers die op zoek zijn naar hun juiste rol in de Valley. Niet de bedrijven maar de medewerkers bepalen aan welk project zij gaan deelnemen.

Als zij merken dat andere projecten beter tegemoet komen aan hun professionele verwachtingen, zullen ze zeer snel van rol willen veranderen. Het is dit natuurlijk rotatiegedrag dat ondernemingen van morgen gaat kenmerken. Deze evolutie is onvermijdelijk omdat je enkel op deze manier een hoge leerspanning krijgt.

De cast-it organisatie speelt, met behulp van afgestemde HRM systemen, in op deze natuurlijk drang tot roteren en deelname aan verschillende teams. Organisaties die deze trend niet volgen krijgen wel vastere medewerkers en mooie organigrams, maar zijn, bij gebrek aan voldoende leervermogen, gedoemd om te verdwijnen.

Jobrotatie in cast-it organisaties is niet een gecontroleerd iets, maar het gevolg van een levendig systeem. Een systeem waarin nieuwe opportuniteiten rollen creëren voor medewerkers die zich continu wensen te ontwikkelen. Het is een bedrijf waar competente medewerkers spontaan bewegen naar hun optimale plaats. Jobrotatie is niet het gevolg van een gecontroleerd plan, maar van een continue reeks aan opportuniteiten.

Het moet duidelijk zijn dat dit soort van bedrijven gekenmerkt wordt door medewerkers die op zoek zijn naar competentieontwikkeling, niet naar een vaste betrekking.

De nieuwe competenties van de manager

Leidinggevenden zorgen ervoor dat teams en organisaties een missiebord ontwikkelen. Dat medewerkers een gevoel krijgen van het veranderingsvermogen dat nodig is om de visie te realiseren. Cast-coaches zorgen ervoor dat medewerkers kunnen evolueren naar hun juiste rol op het bord.

Een cast-coach die de leerspanning van zijn medewerkers positief wil beïnvloeden...

- beseft dat een uitdagende visie niet voldoende is om de leerspanning te verhogen. Dit kan enkel indien een medewerker die rol kan uitvoeren die rekening houdt met zijn persoonlijke levensverwachtingen.
- Weet hoe hij mensen kan benaderen in functie van hun eigen levensverwachtingen. Hij beseft dat hij de rollen, indien mogelijk,

moet aanpassen aan de mogelijkheden en verwachtingen van zijn medewerkers.

- Neemt regelmatig de tijd om met zijn medewerkers te praten over de toekomst, de visie en hun rol in dit proces. Hij luistert naar hun opmerkingen en laat zich op zijn beurt coachen door zijn medewerkers om de rolverdeling aan te passen.
- Ondersteunt zijn medewerkers bij de ontwikkeling van professionele levensverwachtingen. Hij geeft hen die kansen die nodig zijn om het hert te reanimeren. Enkel als dit lukt, kunnen medewerkers opnieuw op zoek gaan naar hun juiste rol.
- Heeft voldoende inzicht en maturiteit om mensen een advies te geven in functie van hun levensverwachtingen. Hij staat niet in de weg, maar helpt mee om een rol te vinden binnen het bedrijf als de mogelijkheden binnen het eigen team niet inspelen op de verwachtingen van de medewerker.
- Is bevoegd om actief op zoek te gaan naar de juiste medewerkers en acties te nemen om mis-casting te verhelpen.
- Zorgt ervoor dat nieuwe medewerkers worden geselecteerd op basis van de beschikbare rollen en de professionele levensverwachtingen van de nieuwelingen.

4 De 'Irrigerende' Organisatie

Het is een bedrijfscultuur die zijn medewerkers irrigeert met informatie. Zij benadert informatie niet als een vloedgolf, maar als een voedingsbron voor vernieuwing. Het is een bedrijfscultuur die erin slaagt om tegemoet te komen aan de informatiebehoeften van medewerkers met een hoge leerspanning. Een organisatie waar het leervermogen naar zijn maximum kan evolueren omdat de nood aan informatie wordt ingevuld. Het is een cultuur waarin de leerprocessen de geulen vormen voor de informatiestroom. Geulen die zijn aangepast aan de grootte van de stroom en de weg die de stroom moet afleggen.

Het is een bedrijfscultuur die ontstaat door de gedrevenheid van de 'info-coach'.

Info-coaches ontwikkelen de informatiestromen

Als de cast-coach ervoor kan zorgen dat mensen een hoge leerspanning ontwikkelen, dan verkrijgt hij medewerkers die zelf op zoek gaan naar informatie. Het is aan dit pull-gedrag dat de info-coach tegemoet moet komen.

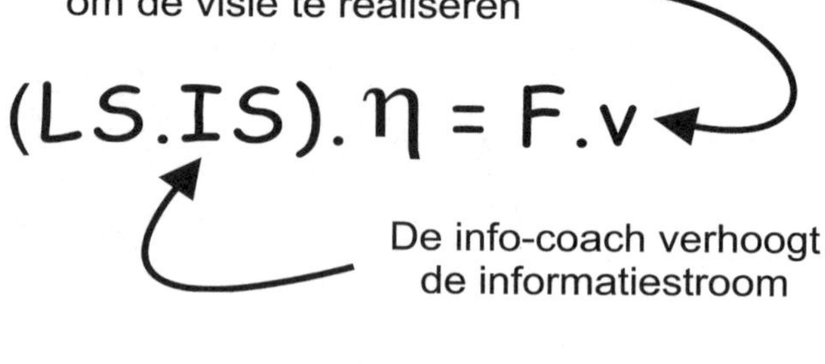

Informatiestromen afstemmen op mensen met een lage leerspanning heeft weinig zin, omdat het bereikbare leervermogen te laag blijft. Zelfs als je deze mensen overspoelt met informatie, blijft de return on info-investment te laag.

Bij een organisatie die geen pull-gedrag vertoond is er duidelijk iets fout met het leiderschap en/of de rolbezetting. Leider en cast-coach schieten dan tekort in hun opdracht. Onmogelijk voor de info-coach om alsnog een groot leervermogen te realiseren. Dit fenomeen zet veel organisaties schaakmat in hun streven naar meer veranderingsvermogen. Het is eveneens een plaag voor opleidingsdiensten die opleidingen organiseren en merken dat slechts een beperkt gedeelte van de aangebrachte informatie wordt toegepast in de organisatie.

Het aanvaarden van het bovenstaande is zeer belangrijk als we ons de rol van de info-coach willen inbeelden. De info-coach hoeft zich geen vragen te stellen omtrent de leermotivatie of de leerspanning van medewerkers. Het is niet aan de info-coach om de leerspanning van medewerkers te verhogen. Het is zijn opdracht om de informatiestromen binnen de organisatie te ontwikkelen zodat het leervermogen, dat bepaald wordt door het product van leerspanning met die informatiestroom, toeneemt.

Leerkundigheid als sleutel tot informatie

Leerkundigheden zijn de vaardigheden die medewerkers bezitten om relevante informatie te bekomen en te verwerken. Mensen die deze vaardigheden bezitten zijn als het ware self-informing. Het is aan de info-coach om deze vaardigheden verder te ontwikkelen en een ondersteunende infrastructuur te voorzien die inspeelt op het pull-gedrag van zijn leerkundige medewerkers.

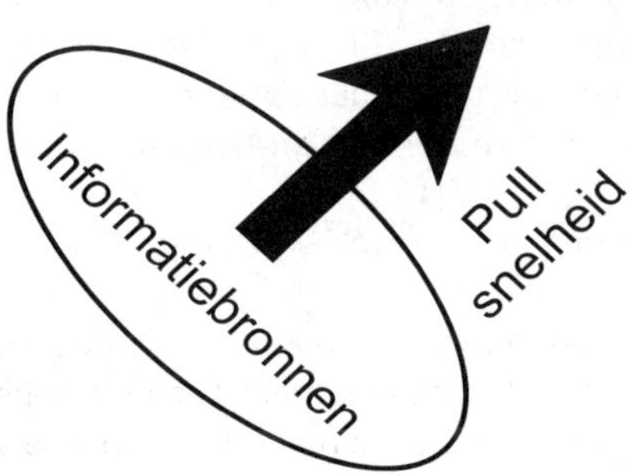

Bovenstaande figuur verwijst naar twee belangrijke leerkundigheden die een significante invloed hebben op de grootte van de informatiestroom. Medewerkers zijn leerkundiger als ze toegang krijgen tot meer informatiebronnen en als ze erin slagen om sneller informatie uit deze bronnen te "pullen" of te verwerven.

Het nu volgende geeft enkele leerkundigheden die bij medewerkers ontwikkeld moeten worden.

Ontwikkeling van sociale communicatievaardigheden

De volgende jaren zullen gekenmerkt zijn door een versnelde en doelgerichte ontwikkeling van de sociale communicatievaardigheden. Ze bevorderen de snelheid waarmee medewerkers tacit informatie uitwisselen. Vanuit deze benadering hebben ze een directe impact op de grootte van de informatiestroom en het leervermogen.

Onderstaande opsomming maakt duidelijk dat sociale vaardigheden er niet alleen zijn om gezelliger samen te werken. Ze hebben een belangrijke invloed op de informatiestromen en het hieruit resulterend leer- en veranderingsvermogen. Vanuit dit gezichtspunt dienen zowel managers als consultants hun benadering van deze zogenaamde soft-skills te herzien.

- Openheid en respect

  Als je anderen benadert met een gezonde openheid en respect dan krijg je hetzelfde terug. Medewerkers geven spontaan meer informatie aan diegenen die zelf met informatie over de brug komen. Uitwisseling van tacit kennis is geen éénrichtingsverkeer.

- Actief luisteren

  Luisteren, samenvatten en vragen stellen. Het lijkt zo eenvoudig, maar toch zondigen we dagelijks tegen deze communicatievaardigheid. Medewerkers die deze vaardigheid beheersen verhogen hun mogelijkheid om tacit kennis van anderen te gebruiken.

- Empathisch luisteren

  De vaardigheid bezitten om zich in te leven in de gevoelens van anderen. Medewerkers die deze vaardigheid bezitten hebben de mogelijkheid om de tacit kennis van anderen te kaderen in een ruimer geheel.

- Open vragen stellen

  Iedereen weet het maar weinigen doen het. Als je tacit kennis van anderen wil bereiken dan kan je beter vragen stellen die niet altijd beantwoord kunnen worden met ja of nee. De antwoorden van de anderen worden des te rijker aan inhoud.

- Assertiviteit

  Medewerkers die hun belangen op een assertieve manier kunnen behartigen, slagen er zeer dikwijls in om de voor hen belangrijke kennis sneller te verkrijgen.

- Metaforisch communiceren

  Experts die zich bezighouden met het domein van kennisoverdracht wijzen op het belang van metaforen tijdens het communicatieproces. Mensen die metaforen kunnen gebruiken slagen erin om complexe kennis op eenvoudige en overzichtelijke manier over te dragen. Ze gebruiken herkenbare en gekende beelden uit andere domeinen om nieuwigheden of complexe beelden duidelijk te maken.

Zorg ervoor dat als je als info-coach niet alleen de vaardigheden ontwikkelt, maar dat je ook de tijd en de ruimte voorziet om je medewerkers taciete kennis te laten uitwisselen. Organiseer een babbeluur of voorzie bijvoorbeeld een koffieruimte waar medewerkers de kans krijgen om met elkaar te praten. Het is ongelooflijk hoeveel informatie medewerkers met een hoge leerspanning op die momenten of plaatsen verhandelen.

Ontwikkeling van telecommunicatievaardigheden

Informatie zit niet altijd in je directe omgeving. Meer en meer is ze te vinden bij mensen die zich op een totaal andere plaats op de wereld bevinden. Om deze informatiebronnen aan te boren wordt het gebruik van telecommunicatietechnieken onontbeerlijk. Medewerkers die over de vaardigheden beschikken om deze informatiebronnen aan te boren staan soms letterlijk en figuurlijk mijlenver voor met hun leervermogen. Enkele voorbeelden zijn ...

- E-mail

  Gebruik deze technologie waar mogelijk. De laatste communicatietechnieken kunnen het communicatieproces significant versnellen. Het volume van e-mail berichten kan een duiding zijn voor het communicatievermogen van je medewerkers. Investeer als info-coach in deze technologie, het geeft je medewerkers extra 'leervermogen'.

- Nieuwsgroepen

  Internet en Intranet technologie maken het mogelijk om op een eenvoudige manier mensen elektronisch bij elkaar te brengen rond bepaalde thema's. Op deze manier creëer je voor je medewerkers virtuele ruimten waarin ze hun professionele gesprekken kunnen voeren.

- Videoconferencing

  Videoconferencing zal de volgende jaren aan belang toenemen. De technologische evolutie zal deze communicatievorm in een stroomversnelling brengen. Als je als info-coach rekening moet houden met medewerkers die zich op verschillende locaties bevinden, dan wordt dit een medium dat je aandacht moet trekken.

- White-boarding

  Deze technologie maakt het mogelijk dat medewerkers, die op verschillende locaties zitten, een virtueel schrijfbord kunnen gebruiken ter ondersteuning van hun communicatie. Beiden tekenen op hun persoonlijk bord en de technologie zorgt ervoor dat ze schijnbaar op hetzelfde tekenblad tekenen.

Het is niet de bedoeling om alle mogelijkheden op te sommen of dieper in te gaan op de verschillende telecommunicatietechnieken en de vaardigheden om ze te gebruiken. We zijn ervan overtuigd dat je met je leerspanning en huidige leerkundigheden een enorme hoeveelheid aan relevante informatie kan terugvinden.

Tegelijkertijd met de ontwikkeling van telecommunicatie merken we een stijgend gebruik van de engelse taal. De info-coach heeft er daarom alle belang bij dat zijn medewerkers taalvaardig zijn in het gebruik van het Engels. Zowel grootte van de informatiebronnen als snelheid van informatiewerving nemen hierdoor toe.

Ontwikkeling van D-sociale communicatievaardigheden

Een boeiende ontwikkeling op het gebied van telecommunicatievaardigheden is de toenemende noodzaak voor de ontwikkeling van digitaal-sociale communicatievaardigheden.

Internet als telecommunicatiemiddel brengt ons in de nieuwe sociale dimensie van de Global Village. Een virtuele plaats die de hele wereld omspant en waar mensen met elkaar communiceren via digitale middelen. Medewerkers die D-sociaal zijn voelen zich thuis in deze omgeving en hebben er geen enkel probleem mee om informatie via deze omgeving op te sporen en uit te wisselen.

Van medewerkers die veel actief zijn in deze Global Village wordt verwacht dat ze D-sociale vaardigheden ontwikkelen. Communicatie via e-mail of nieuwsgroepen is nu eenmaal anders dan directe communicatie tussen twee of meerdere personen. Bedrijven en medewerkers die deze vaardigheden ontwikkelen, vergroten hun informatiebronnen en de snelheid waarmee ze wereldwijd informatie verwerven.

De info-coach zal er niet alleen voor zorgen dat deze noodzakelijke vaardigheden worden ontwikkeld, maar zal eveneens investeren in de nodige infrastructuur om deze soorten van communicatie te introduceren.

Ontwikkeling van zoekvaardigheden

De ontwikkeling van het wereldomspannend Internet heeft niet alleen gezorgd voor een massaal aanbod aan informatie, maar ook voor een toenemend aantal instrumenten om informatie op te zoeken. Deze zogenaamde zoekmachines kunnen gebruikt worden om relevante informatie op te zoeken en te bekijken.

Als info-coach is het één van je opdrachten om je medewerkers vaardigheden te laten ontwikkelen om met deze zoekmachines te werken. De impact op de snelheid waarmee medewerkers met een hoge leerspanning informatie kunnen terugvinden is enorm.

Ontwikkeling van communicatievaardigheden in teams

Als info-coach heb je een grote impact op de snelheid en het volume van informatie-uitwisseling tussen teamleden. Alle medewerkers in een team of een organisatie dienen elke dag de positieve invloed van samenwerking op informatie-uitwisseling te beleven. Het is de info-coach die er verantwoordelijk voor is dat "Together Everybody Achieves More" realiteit wordt.

Onderstaande lijst is ver van volledig maar ze geeft een inzicht in de rol van de info-coach vanuit het standpunt van teams.

- Presentatievaardigheden

  Mensen die presentatievaardig zijn en op een gezonde manier gebruik maken van hulpmiddelen, slagen erin om hun tacit kennis beschikbaar te stellen voor hun medewerkers. Als info-coach ontwikkel je deze vaardigheden in het team omdat je hierdoor de informatiestroom verhoogt.

- Creatieve vaardigheden

  Bedrijven die het ernstig menen met hun leervermogen investeren in de ontwikkeling van creatieve vaardigheden. Met behulp van deze technieken slaag je er immers in om de tacit kennis, die bij iedereen aanwezig is, op een snellere en creatieve manier beschikbaar te stellen voor de gehele groep.
  De info-coach zorgt ervoor dat medewerkers in zijn team deze vaardigheden beheersen en kunnen toepassen. Creatieve vaardigheden zijn net zoals sociale communicatievaardigheden geen luxe, maar een economische noodzakelijkheid in een steeds sneller veranderende omgeving.

- Conflicthantering

  Conflicten moeten er zijn. De oplossing van een conflict geeft meestal de beste oplossing. Conflicten mogen echter niet blijven bestaan, want ze verhinderen het uitwisselen van informatie tussen de medewerkers die in conflict liggen.
  De info-coach heeft er daarom belang bij dat hij de kunst van het 'bemiddelen bij conflicten' beheerst. Deze vaardigheid, in combinatie met het positief stimuleren van professionele conflicten, verhoogt de informatieoverdracht enorm.

- Vergadertechnieken

  Als info-coach heb je er alle belang bij dat er tijdens vergaderingen een vlotte, doelgerichte tacit naar tacit stroom op gang komt. Eenvoudige spelregels kunnen deze stroom in goede banen leiden, zodat alle deelnemers aan bod komen.

Mits goede info-coaching kan het leervermogen van een team dit van het individu vele malen overstijgen. Alle medewerkers hebben er persoonlijk baat bij.

Investeren in de beschikbaarheid van informatie

Als info-coach ontwikkel je niet alleen de leerkundigheid van medewerkers, maar dien je eveneens te investeren in de beschikbaarheid van informatie. Niets erger dan medewerkers die leerkundig zijn, maar nergens nieuwe informatie kunnen vinden.

Het is daarom belangrijk om te investeren in kennismanagement. Maak gebruik van telecommunicatie en IT technologie om de kennis van elke medewerker beschikbaar te maken voor anderen. De welgekende uitspraak: "één voor allen en allen voor één" is niet beter op zijn plaats dan bij het concept van kennismanagement.

Werk samen met kennisbezitters buiten de bedrijfsmuren en zorg ervoor dat ze een positieve invloed hebben op het leervermogen van je bedrijf of team. Laat ze deel uitmaken van je bedrijf. Creëer de virtuele kennisorganisatie die komaf maakt met de kennisbeperktheid van je eigen bedrijf.

Mismanagement maakt de info-coach werkloos

Als een gevolg van de toenemende behoefte aan informatie, de technologische mogelijkheden en het door de medewerker gevolgde leerritme, zal leren informeler en daardoor moeilijker opvolgbaar worden.

De info-coach ontwikkelt alle opgesomde leerkundigheden en hulpmiddelen voor de medewerkers met een hoge leerspanning. Zij gaan de geboden faciliteiten niet misbruiken omdat hun leerspanning zo groot is, dat ze enkel op zoek gaan naar informatie die ze nodig hebben voor het uitvoeren van hun opdrachten. Medewerkers met een lage leerspanning daarentegen maken zeer dikwijls misbruik van de geboden faciliteiten.

Organisaties die moeite hebben met het vrij ter beschikking stellen van informatie omwille van mogelijk misbruik, geven een signaal dat duidt op mismanagement. Het symptoom is zeer dikwijls een lage leerspanning en het niet ontwikkelen van informatiestromen omwille van mogelijk misbruik. Onnodig hier aan toe te voegen dat in dit soort van omgevingen de info-coach werkloos is en dat het bedrijf in een zelfvernietingsspiraal gevangen zit.

De nieuwe competenties van de manager

Eens dat de leider en de cast-coach gezorgd hebben voor een hoge leerspanning is het aan de info-coach om de informatiestromen te ontwikkelen. Onderstaande lijst geeft een opsomming van mogelijk vereiste kundigheden en bevoegdheden.

De info-coach ...

- is creatief in het vinden van processen om informatiebronnen ter beschikking te stellen van zijn medewerkers.
- Ontwikkelt de leerkundigheden bij medewerkers.
- Investeert in kennismanagementsystemen en telecommunicatiesystemen. Hij is op de hoogte van de trends op dit gebied en heeft de bevoegdheid om ze te introduceren in het bedrijf.
- Zorgt ervoor dat zijn medewerkers volledige toegang krijgen tot informatie. Hij heeft het grootste vertrouwen in de zelfsturende kracht achter een hoge leerspanning.
- Evalueert de grootte en de aard van de informatiestroom. Het is aan het informatiegedrag van zijn medewerkers dat hij de kwaliteit van leiderschap en cast-coaching kan beoordelen.

5 De 'Chaotische' Organisatie

Een chaotische organisatie is een organisatie die chaotisch leert en zich chaotisch aanpast. Deze bedrijfscultuur kunnen we het best vergelijken met de natuur. Er gebeuren zoveel veranderingen die op het eerste zicht zeer chaotisch lijken maar, vanop een afstand, toch zeer geordend en doelgericht zijn.

In een chaotische organisatie wordt duidelijk dat de 'corporate shared vision' werkt als een veranderend oriëntatiepunt waarheen alle veranderingen gericht zijn. Het is een organisatie waarin de investeerder materiële middelen investeert opdat het missiebord van het bedrijf geen fictie blijft, maar zichzelf materialiseert in haar producten en diensten.

Investors zijn de materialisten in de organisatie

De investor in een bedrijf maakt de veranderingscirkel die begon bij de leider rond. Hij beseft dat de leider, de cast-coach en de info-coach de basis legden voor een gezonde en constructieve bedrijfscultuur.

Het is een cultuur die bestaat uit medewerkers met de wil en de gedrevenheid om hun bedrijfscultuur in de juiste richting te manoeuvreren. Het zijn medewerkers met een hoog leervermogen en voldoende self-empowerment om het geleerde om te zetten in veranderingsvermogen.

De investor begrijpt dat hij dit veranderingsvermogen kan vergroten door het leerrendement in Jeff's Law® te vergroten. Dit kan door empowerment. Het is door dit empowerment dat hij medewerkers meer middelen toeschuift dan waarover ze zelf beschikken. Deze extra middelen zorgen ervoor dat de veranderingsprocessen binnen het bedrijf versnellen. Het leervermogen wordt sneller omgezet in materiële veranderingen.

Echt empowerment

Professioneel leiderschap, cast-coaching en info-coaching zijn de fundering voor echt empowerment. Zonder deze managementvaardigheden kan de investor er niet zeker van zijn dat de middelen die hij zijn medewerkers verstrekt doelgericht gebruikt worden.

Dit gedrag is normaal, want niemand wil graag middelen geven aan medewerkers die niet weten in welke richting het bedrijf of het team zichzelf wil ontwikkelen. Of aan medewerkers die niet in de juiste rol zitten en daardoor niet gemotiveerd zijn, om de vereiste kundigheden te ontwikkelen.

Het probleem van empowerment is in eerste instantie een probleem van het management zelf, niet van de medewerkers. Het is immers onprofessioneel leiderschap, cast-coaching en info-coaching, dat zorgt voor een ondergrond van drijfzand waarin gedelegeerde middelen verdwijnen zonder ooit bijgedragen te hebben aan de noodzakelijke veranderingsprocessen.

Managers die evolueren tot competence managers hebben veel minder problemen met empowerment. De reden hiervoor is, dat ze er kunnen van uitgaan dat medewerkers weten waar naartoe. Ze beschikken over voldoende leervermogen om de verstrekte middelen zo efficiënt en effectief mogelijk te verbruiken.

Echt empowerment, waar de medewerker de bevoegdheid krijgt over het gebruik van de aan hem gegeven middelen is de ultieme test voor de investor. Het bewijst het vertrouwen in zijn medewerkers en de door hen geïntroduceerde veranderingen.

Na de investor is het terug aan de leider die de gerealiseerde veranderingen evalueert in functie van de gemeenschappelijke visie en eventuele bijsturingen uitvoert.

Chaotisch management van middelen

De titel van dit deel is een paradox in onze normale benadering van managementactiviteiten. Door iets te managen proberen we immers structuur te brengen in het beheer van de middelen om ze effectiever en efficiënter te gebruiken. We trachten het chaotische er uit te halen.

Afhankelijk van de middelen spreken we bijvoorbeeld over financieel management, time management en zelfs human resources management. Het zijn allemaal middelen die ter beschikking staan van de organisatie om haar doelen te bereiken.

In stabiele organisaties geeft dit aanleiding tot stabiele processen die het alloceren van deze middelen aan de verschillende activiteiten regelen. Soms worden deze processen zelfs vastgelegd in procedures en beheerd door bijvoorbeeld een ISO9001 systeem. Ongewild bevriezen we hierdoor de bestaande processen.

Alhoewel het belangrijk is dat we de toegevoegde waarde van dit stabiel middelenmanagement beseffen, is het even belangrijk dat we het chaotische van snel veranderende organisaties aanvaarden. De natuur van deze organisaties vereist dat je een evenwicht vindt tussen stabiliteit en schijnbaar willekeurig gebruik van middelen.

De oorzaak voor de chaos moeten we zoeken in het chaotische van het leervermogen. Mensen met een hoge leerspanning hebben een intensief leergedrag dat gekenmerkt wordt door het continu verbruiken van informatie. Het is deze informatie die hun kennis, vaardigheden en gedrag ontwikkelt. Dit, met inzetting van de nodige materiële middelen, leidt uiteindelijk tot de noodzakelijke veranderingen.

Het gegeven, dat niemand kan voorspellen wanneer en hoe welke informatie bijdraagt tot het nodige inzicht, leidt ertoe dat verandering steeds chaotisch zal verlopen. Dit is zeker zo als de investor echt empoweret. In dit geval dienen medewerkers niet altijd te wachten op de goedkeuring voor het inzetten van bijvoorbeeld financiële middelen of human resources. De omzetting van het leervermogen naar veranderingsvermogen kan dan snel en efficiënt gebeuren.

De toename aan informatie en de doelgerichte ontwikkeling van leiderschap, cast-coaching, info-coaching en empowerment zal dit chaotisch veranderingsgedrag nog eerder doen toenemen dan afnemen. Het is een gedrag dat alle competitieve organisaties zal kenmerken.

Een investor die op de investeringsrem gaat staan omdat hij alles wenst te begrijpen en het overzicht wenst te behouden, verkleint het veranderingsvermogen van het bedrijf. Het is uitermate belangrijk dat hij een verschil maakt tussen de beheersing van middelen, nodig voor het leveren van bestaande producten en diensten, en de middelen nodig voor het introduceren van veranderingen. Doet hij dit niet, en probeert hij beiden op een zelfde manier te managen, dan sterft creativiteit als creativiteit. Onmogelijk om creativiteit op deze manier te laten overleven als creatief ondernemen of innovatie.

Het is aan de investor om, rekening houdend met de middelen van het bedrijf, de nodige veranderingsmiddelen vrij te maken en te delegeren over de teams en medewerkers die verantwoordelijk zijn voor de veranderingen. Het behouden van het overzicht is aan de leider die de gemaakte veranderingen overkijkt vanuit het standpunt van de gemeenschappelijke visie. Het is hij die de vooruitgang op het missiebord evalueert.

Systeemdenken als leerkundigheid

Het toenemend veranderingsvermogen zorgt ervoor dat het aantal veranderingen in de bedrijfscultuur gaat toenemen. De hoeveelheid gaat ervoor zorgen dat de impact van de veranderingen niet altijd direct zichtbaar is. Veel veranderingen beïnvloeden elkaar en de gevolgen manifesteren zich pas veel later.

Systeemdenken of procesdenken is de vaardigheid om het gedrag van systemen of processen te voorspellen. Professionele systeemdenkers zijn in staat om de impact van geïntroduceerde veranderingen te voorzien. Ook al wordt deze impact pas veel later zichtbaar.

In zekere zin is systeemdenken een leerkundigheid, omdat deze manier van denken informatie uit systemen of processen haalt die op het eerste zicht gewoonweg niet zichtbaar is. Deze vaardigheid verhoogt dus de informatiestroom. Ze haalt tacit kennis uit processen en systemen.

Indien managers of medewerkers zich niet meester maken van de basisvaardigheden van het systeemdenken, dan zijn ze gedoemd om enkel eenvoudige, rechtlijnige veranderingen te introduceren. Veranderingsprocessen die bestaan uit talloze op elkaar inspelende veranderingen worden in deze omgevingen zoveel mogelijk vermeden.

Het niet beheersen van of het niet openstaan voor systeemdenken zorgt binnen bedrijfsculturen voor verlammende discussies in verband met noodzakelijke veranderingen. Bedrijven die deze leerkundigheid bezitten, beschikken over een enorm competitief voordeel.

De nieuwe competenties van de manager

Een investor die het leervermogen van zijn medewerkers wil gebruiken ...

- delegeert middelen om veranderingen mogelijk te maken.
- Gaat constructief om met het chaotisch karakter van verandering.

- Vindt de juiste balans tussen investering en de return op deze investering.
- Bewaakt de gemaakte investeringen vanuit financieel standpunt. Hij vormt een team met de leider die de gemaakte veranderingen evalueert in functie van de na te streven visie.
- Ontwikkelt zijn vaardigheid als systeemdenker. Slechts op deze manier kan hij het aantal veranderingen opvoeren en toch voorspellen in welke richting de bedrijfscultuur evolueert.

6 De 'Competente' organisatie

Een competente organisatie is een organisatie die de vereiste kundigheden en bevoegdheden ontwikkelt om haar bedrijfsprocessen te veranderen in functie van haar levensverwachtingen. Het veranderingsvermogen van deze organisatie overstijgt de mogelijkheden van elke individuele medewerker. Het is de organisatie van de competence manager. Hij beheerst de vaardigheden van de leider, de cast-coach, de info-coach en de investor. Het is de manager die de bedrijfscultuur in beweging brengt langs een nooit eindigende veranderingsspiraal. De vijfde richting van het kompas.

Competence managers herwaarderen het beroep van manager

Ken je die gevaarlijke machines die enkel in beweging komen als je twee startknoppen tegelijkertijd indrukt? Deze startmethode is voorzien opdat je niet met je handen verzeild zou raken tussen de bewegende delen.

Een competente organisatie is een soortgelijke machine. Het is een machine die het management enkel in beweging kan brengen als ze niet twee, maar vier knoppen tegelijkertijd kan indrukken. Als dit gebeurt komt de organisatie in beweging langs het pad van de visie. Eens in beweging wordt de organisatie gevaarlijk voor de bedrijven waarmee ze concurreert.

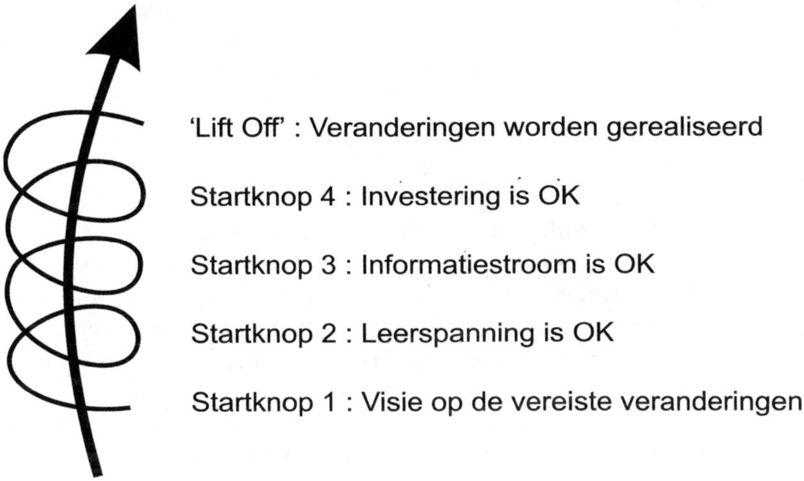

Startknop 1 — *De leider in de competence manager schetst met behulp van het missiebord het nodige veranderingsvermogen. De vereiste kracht en snelheid zorgt voor een gemeenschappelijk doel in de organisatie of het team.*

Startknop 2 — *De cast-coach in de competence manager zorgt ervoor dat de juiste medewerkers op de juiste plaats komen. De leerspanning van de medewerkers gaat naar een maximum.*

Startknop 3 — *De info-coach in de competence manager ontwikkelt de informatiestromen. Leerkundigheid en toegang tot informatie zorgen voor een groot leervermogen.*

Startknop 4 — *De investor in de competence manager zorgt voor de omzetting van de immateriële kundigheden naar materiële veranderingen. Het geleerde wordt omgezet in reële veranderingen.*

'Lift off' — *De bedrijfscultuur verandert in de richting van de visie. Het is een chaotisch veranderingsproces. Kleine en grote veranderingen wisselen elkaar af in een proces dat gedreven wordt door de collectieve competentie van de medewerkers.*

Het indrukken van de vier knoppen tegelijkertijd is moeilijk. Het vraagt heel wat competentie om dit te realiseren. Enkel managers die de vereiste kundigheden en bevoegdheden bezitten kunnen slagen in deze uitdaging.

Bovenstaande lijkt misschien eenvoudig, maar het vraagt van managers dat ze de vaardigheden van de leider, de cast-coach, de info-coach en de investor bezitten. Enkel als ze hierin slagen, start een visiebeweging die gedreven wordt door een stroom van veranderingen.

De beheersing van deze vier vaardigheden vraagt om een professioneel competence management. Het is deze professionaliteit die veel managers onmogelijk kunnen leveren, omdat ze gevangen zitten in het paradigma van het technisch management. Ze slagen er gewoonweg niet in om de vier knoppen tegelijkertijd in te drukken.

Het is deze impasse die ervoor zorgt dat veel organisaties gevangen zitten in een veranderingsloze toestand waar bijna niet is uit te raken. Enkel drastische ingrepen kunnen deze impasse doorbreken. Het beroep van manager dient dringend geprofessionaliseerd te worden. De tijd van de doorgegroeide techneut is voorbij.

Onevenwichtig competence management leidt tot stress

Managers die er niet in slagen de vier knoppen tegelijkertijd in te drukken, veroorzaken een organisatie vol met negatieve stress. De volgende voorbeelden maken dit duidelijk aan de hand van enkele management malpractices.

Wel leiderschap, geen cast-coaching

De manager gebruikt een missiebord om de te bereiken toekomst uit te tekenen. Hij slaagt er zelfs in om de visie gemeenschappelijk te maken. Elke medewerker is bereid om mee te werken aan de visie van het bedrijf. De visie van de organisatie en de verschillende teams wordt zichtbaar voor alle medewerkers.

De eerste knop van de machine is ingedrukt. De zichtbaarheid van de visie laat medewerkers toe om op zoek te gaan naar hun juiste rol in de organisatie die inspeelt op hun persoonlijke levensverwachtingen. Het management dat niet constructief inspeelt op deze natuurlijke behoefte naar jobrotatie creëert negatieve stress bij de medewerkers.

Het is net alsof je een mooi gedekte tafel voorzet, maar je genodigden verbiedt om aan de tafel te zitten.

Wel cast-coaching, geen leiderschap

In deze situatie krijgen medewerkers wel de kans die job uit te voeren die ze graag doen, maar ze krijgen geen inzicht in de bestemming van het bedrijf of het team. Het is onmogelijk om in deze omgeving optimaal bij te dragen tot de gewenste veranderingen.

Het is net alsof je wordt gedropt in een bos zonder stafkaart. Onmogelijk om in de juiste richting te bewegen ook als je volledig tevreden bent met de rol die je is toebedeeld.

Alles in orde, alleen geen investeringen voor veranderingen

Dit is de grootste tragedie waarin een organisatie of een team kan belanden. Er is een gemeenschappelijke visie, de medewerkers zitten in hun juiste rol en krijgen toegang tot voldoende informatie om hun kundigheden te ontwikkelen. Alleen de materiële middelen ontbreken om de veranderingen te realiseren.

Het is net alsof je astronaut bent in de space shuttle. Je weet waar naartoe. Je hebt jarenlang geleerd, zit uiteindelijk in de juiste stoel en juist voor de lancering zegt men dat er geen geld is voor de brandstof. Dit leidt tot negatieve stress.

Alles in orde, alleen geen info-coaching

In deze situatie gaat de organisatie naijlen op de ontwikkelingen op de markt. Ze introduceert wel veranderingen, maar door het gebrek aan informatie is ze steeds te laat. Het is een organisatie waar de investor zijn middelen ziet verdwijnen zonder dat zij de veranderingen realiseren die voldoende bijdragen tot de competitiviteit van het bedrijf.

Het is net alsof je wereldvreemd bent en altijd maar opnieuw met oud nieuws voor de dag komt.

Niets in orde, alleen aan info-coaching wordt gewerkt

Dit is een organisatie of een team zonder visie, met teveel medewerkers op de verkeerde plaats en zonder middelen. De manager zorgt er echter wel voor dat zijn medewerkers toegang krijgen tot informatie en slaagt er zelfs in om informatiesystemen op te zetten die zijn medewerkers overspoelen met informatie. Het is de organisatie waar bijvoorbeeld kennismanagement wordt geïntroduceerd als een doel op zich. Je zou van minder stress krijgen als je dagelijks geconfronteerd wordt met informatie zonder te kunnen selecteren, laat staan te weten wat je ermee dient aan te vangen.

Het is net alsof je een irrigatiesysteem ontwikkelt in de woestijn zonder ervoor te zorgen dat er een juiste beplanting gebeurt.

Niets in orde, alleen beschikt de investor over veel middelen

Veel uitleg is bij deze situatie niet nodig. Het is een organisatie die zwemt in de middelen maar er niet in slaagt om competitieve veranderingen door te voeren. Het leervermogen is gewoonweg te laag om met de vereiste kundigheden de juiste veranderingen door te voeren.

De verleiding is groot om deze situatie te vergelijken met bureaucratieën die beroep kunnen doen op een schijnbaar oneindige stroom aan belastingsgeld. Ook hier ontbreken de vaardigheden van de leider, de cast-coach en de info-coach.

Niets in orde, alleen technische management

Start met het aftellen voor een reis naar het faillissement.

Managementverandering is het eerste veranderingsproces

Bovenstaande management malpractices zijn slechts een greep uit wat er allemaal fout kan gaan bij het lanceren van succesvolle veranderingsprojecten. Een evenwichtige ontwikkeling van de vier sets aan managementvaardigheden is daarom doorslaggevend bij het verkrijgen van een groot veranderingsvermogen.

Het veranderingsvermogen kan dan ook gevoelig worden verhoogd als er een voldoende kritische massa aanwezig is aan professionele competence managers.

Dit laatste lijkt eenvoudig te realiseren, maar is in werkelijkheid het moeilijkste veranderingsproces dat een organisatie, die verplicht wordt om sneller te veranderen, moet uitvoeren.

Enkel als managers erin slagen het eigenbelang ondergeschikt te maken aan het belang van de bedrijfscultuur, is er een kans.

Competence managers zijn witte raven met zwarte vlekken

Het is bijna onmogelijk dat alle managers alle vaardigheden van een competence manager ontwikkelen. De witte raven zullen eerder zeldzaam zijn.

Belangrijk is daarom bedrijfsculturen te ontwikkelen met een generatie aan managers die zich eindverantwoordelijk voelen voor competence management in hun team of organisatie. Het worden managers die door een doorgedreven professionalisering bijna witte raven worden, maar voor hun zwarte vlekken op zoek gaan naar anderen. Het is aan deze management-partners om de ontbrekende competenties in te vullen.

Ofwel vindt men deze ontbrekende competenties in het eigen team, ofwel kan men gebruik maken van de diensten van gespecialiseerde afdelingen of organisaties. Het is belangrijk dat de mankerende competenties worden ingevuld met de juiste kundigheden en bevoegdheden.

De competence manager blijft echter eindverwoordelijke voor de aanwezigheid van leiderschap, cast-coaching, info-coaching en investeringen in het team en in de organisatie.

I-Teams, L-Teams, O-Teams

Als we de evolutie van teams bekijken in functie van het noodzakelijke veranderingsvermogen, dan merken we een verschuiving van de afstand tussen manager en teamleden. Deze afstand is kenmerkend voor de managementstijl die gebruikt wordt voor het team.

I-teams: teams met een laag veranderingsvermogen

Technische managers managen deze teams. De afstand tussen team en manager is zeer klein omwille van de dirigerende en controlerende stijl van managen. De manager zit het liefst op een 'verhoogde' plaats van waaruit hij de troepen kan overschouwen. De opvolging is direct en gericht naar elke individuele medewerker.

We noemen dit team een "i-team" omdat de manager van dit team zich gedraagt als een puntje op de i. Hij staat zeer dicht bij het team zonder er echt deel van uit te maken en zet letterlijk en figuurlijk de puntjes op de i.

L-teams: hoger veranderingsvermogen

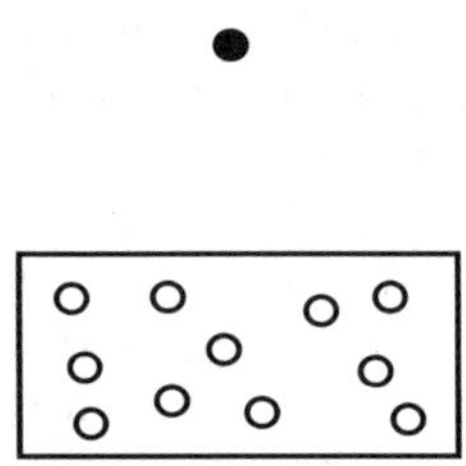

De afstand tussen manager en team wordt groter. Het team wordt gestuurd door teamdoelstellingen, opgesteld in samenwerking met de manager. De ruime autonomie verleend aan het team, creëert de zogenaamde zelfsturende teams. Voorwaarde voor het goed functioneren van deze teamvorm is een zekere stabiliteit van de teamdoelstellingen.

Het veranderingvermogen van het team stijgt binnen het kader van deze 'stabiele' teamdoelstellingen. We zien dit als een normale evolutie binnen technisch management, waarbij de aansturing en opvolging verschuift van het individu naar het team.

Dit team noemen we een "L-team". De basis van de letter staat ver van de top. Dit symboliseert de afstand die de manager creëert tussen hem en het team.

O-Teams: maximum veranderingsvermogen

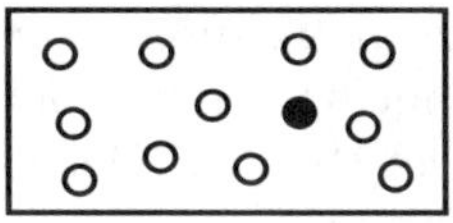

Deze teams streven naar een maximum veranderingsvermogen. De interactie tussen manager en teamleden is zo intens dat de manager als het ware verstrengeld zit in het team. Het is de competente competence manager die ervoor zorgt dat het veranderingsvermogen – $F_{HR}.v_{HR} = \eta.(LS.IS)$ – voor elke medewerker, en het gehele team naar het maximum gaat.

Hij bezit de juiste cocktail van managementvaardigheden om de vereiste kundigheden te laten ontwikkelen in functie van de steeds wijzigende teamdoelstellingen. Het professioneel 'onderhoud' van dit soort teams is zo groot dat de afstand tussen manager en team bijna verdwijnt. Dit kan enkel als het team de manager aanvaardt en waardeert als een onmisbaar lid van het team. De echte vlakke organisatie is dan een feit. De grootte van de teams hangt af van de maturiteit van het team en de professionaliteit van de competence manager.

Dit team noemen we een "O-team". Manager en team zijn één. Het is een letter die vloeiend en in één beweging kan getrokken worden. Dit symboliseert de eenheid van de manager met het team.

O-Teams als bouwstenen voor verandering

De noodzaak aan veranderingsvermogen, de gedrevenheid van de medewerkers en de professionaliteit van het management bepalen mee de diversiteit aan teams. Ten alle tijden zullen de hiervoor opgesomde teamvormen of managementstijlen hun plaats vinden in de organisatie. Het is zelfs mogelijk dat één manager de drie vormen beheerst in één team. Het team bestaat dan uit drie subculturen of sub-teams.

Belangrijk is de sterk toenemende invloed van O-Teams op de organisatievorm als de noodzaak voor verandering toeneemt.

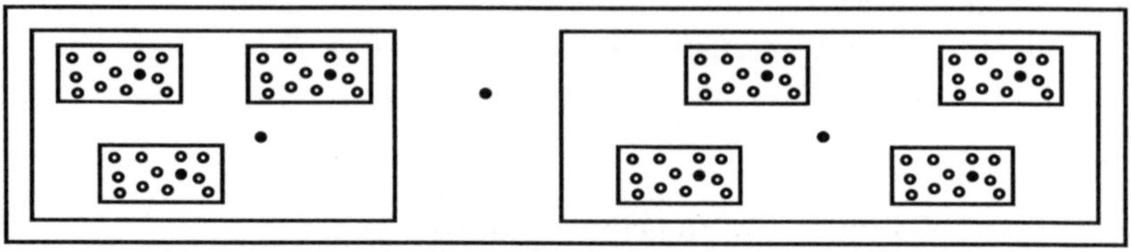

Bovenstaand schema geeft een organisatie weer waarin het veranderingsvermogen van verschillende O-Teams wordt samengebald rond één gemeenschappelijke visie en strategie. Het is de ideale omgeving voor projectteams van het O-type.

De competence managers hebben als eerste opdracht projectteams samen te stellen die optimaal kunnen bijdragen tot de realisatie van de doelstellingen. Het is deze noodzaak voor actieve en doelgerichte werving van competente medewerkers die een bom plaatst onder de typische hiërarchische organisatiestructuren.

De competente organisatie staat voor de uitdaging om haar organisatievorm te laten evolueren tot een symbiotisch gebeuren.

De symbiotische organisatievorm

De symbiotische organisatievorm is een organisatie waarin medewerkers samenwerken en hierbij een wederzijds voordeel nastreven. Op het moment dat het wederzijds voordeel vervalt, vervalt de samenwerking.

Vertrekkende vanuit Jeff's Law® zijn er twee symbiotische samenwerkingverbanden. Eén gebaseerd op het leervermogen en één gebaseerd op het veranderingsvermogen. Beide samenwerkingsverbanden creëren de symbiotische organisatievorm.

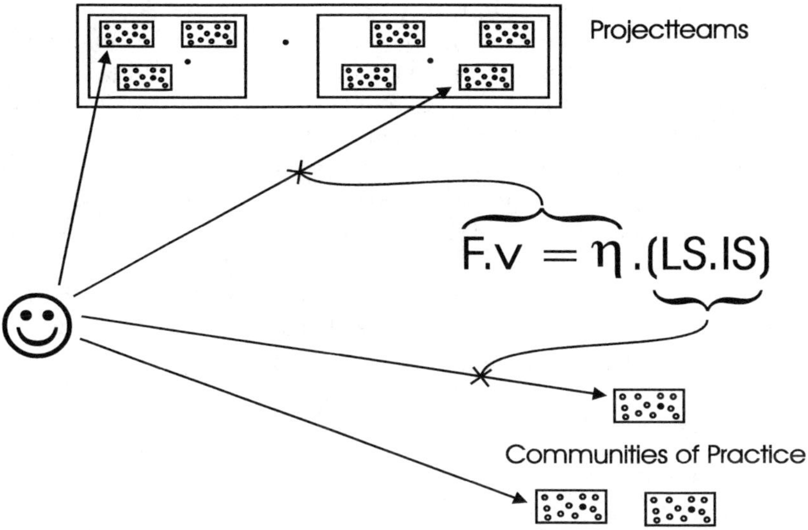

Samenwerking met projectteams

Het engagement dat competente medewerkers nemen in projectteams is gebaseerd op het realiseren van professionele levensverwachtingen. Ze worden hierin gedreven door de drang om iets over te leveren, te veranderen.

Het zijn medewerkers die er geen probleem in zien om te werken in verschillende projectteams. Zelfs als deze zich bevinden in verschillende organisaties.

Verdwijnt de gemeenschappelijkheid van doelstellingen tussen het team en de medewerker, dan stopt de symbiotische samenwerking. Als de medewerker verplicht wordt om de samenwerking verder te zetten, dan daalt het veranderingsvermogen van de medewerker.

Samenwerking met Communities of Practice (COP's)

Deze symbiotische samenwerking is gebaseerd op het realiseren van een hoger leervermogen. De samenwerking gebeurt tussen mensen met een zelfde 'praktijk' en heeft tot doel een snellere ontwikkeling van de vereiste kundigheden. Competente organisaties hebben er dan ook alle baat bij om, naast de projectstructuur, een leeromgeving te ontwikkelen gebaseerd op het concept van COP's.

Medewerkers die deel uitmaken van een COP wisselen spontaan informatie uit. Ze maken hierbij gebruik van de laatste telecommunicatie- en informatietechnologieën. De komst van internet heeft er dan ook voor gezorgd dat ze kunnen uitgroeien tot wereldomspannende netwerken met een rijke en irrigerende stroom aan informatie.

Nieuwe beroepen en leersystemen, zoals kennismanagers en kennismanagement systemen, ontstaan in het zog van deze nieuwe ontwikkeling. Ze ondersteunen hierbij de competence manager in zijn rol van info-coach.

Mensen stoppen hun engagement in COP's als de informatiestromen niet meer bijdragen tot de ontwikkeling van de vereiste kundigheden. Op dat moment stopt de symbiotische samenwerking.

De virtuele samenwerking

Zowel de evolutie naar projectteams als naar COP's zorgt ervoor dat het moeilijker wordt om de structuur van bedrijfsculturen vast te leggen in starre organigrams. Medewerkers maken niet alleen deel uit van verschillende projectteams en COP's, ze veranderen ook nog regelmatig van project of COP. Dit maakt dat de organisatiestructuur minder zichtbaar wordt, ze wordt virtueel.

HRM diensten zijn dan ook koortsachtig op zoek naar nieuwe methoden om deze organisatievormen te vatten en te begeleiden.

8

Het herexamen

Organisatieculturen met te weinig veranderingsvermogen zitten gevangen in een te stabiel evenwicht. De opgebouwde procedures, organigrams, werkmethoden of reglementen zijn zo rigide en streven zo naar foutloosheid en voorspelbaarheid dat verandering bijna onmogelijk is. De enige mogelijkheid om te veranderen is de organisatie uit haar evenwicht duwen en haar met nieuwe spelregels begeleiden naar een nieuw evenwicht: het instabiel evenwicht van de competente organisatie.

Gedurende de eerste golf van reengineeringinspanningen is het management er niet in geslaagd om dit nieuwe evenwicht te bereiken. Te dikwijls zorgde de management-paradox ervoor dat er niet gebroken werd met het technische management. Organisaties staan nu letterlijk en figuurlijk voor de tweede zit. Nu falen heeft tot gevolg dat het bedrijf buist en niet meer mag of kan meespelen op de markt.

1 Een reisverslag

Dit deel is het reisverslag van een fictieve organisatie die de moed had om te breken met technisch management en te pionieren in het avontuurlijke gebied van competence management.

Reeds tientallen jaren stond de organisatie bekend als een trouwe leverancier van producten en diensten. Kwaliteit, stipte levering en dienst na verkoop waren enkele van haar belangrijkste competitieve troeven.

Haar producten waren verkrijgbaar over gans de wereld. De productieprocessen waren beschreven in een formeel kwaliteitssysteem. Patenten beveiligden de innovaties en zorgden voor een extra gevoel van zekerheid.

Technische managers stonden borg voor de correcte uitvoering van de planning en zorgden ervoor dat ze een goed technisch overzicht behielden over wat waar gebeurde. De medewerkers waren zeer gemotiveerd, de werkdruk niet te hoog en werkzekerheid stond hoog in het vaandel geschreven. Het jaarlijkse functioneringssysteem stond garant voor een overzichtelijk opleidingsplan en loopbaanontwikkeling.

Het was een bedrijf waar de technische managers hun job met meer dan gemiddelde gedrevenheid uitvoerden. Het was een bedrijf om trots op te zijn.

Het laatste jaar daalde echter de omzet voor een aantal producten. Het bedrijf kwam hierdoor niet direct in gevaar, maar de winstmarges op de producten bleven beneden de verwachting.

Als reactie op de omzet- en winstdaling werd beslist de producten te schrappen. De strategie bestond erin zich te concentreren op de corebusiness.

Sommige medewerkers en managers stelden zich wel vragen over de oorzaak van de omzetdaling en gingen op zoek naar antwoorden.

Een eerste oefening leidde tot de conclusie dat de eigen producten niet meer aantrekkelijk waren. De concurrerende producten hadden meer mogelijkheden, en dit dan nog tegen een lagere prijs.

De lagere productiekosten in de lage loonlanden verklaarde voor een deel de lagere verkoopprijs, maar niet de hogere kwaliteit en het stijgend aantal mogelijkheden. Dit laatste kon alleen verklaard worden door de ontnuchterende vaststelling dat de concurrentie beschikte over een groter veranderingsvermogen.

Ze waren in staat de producten en diensten sneller aan te passen aan de behoefte van de markt, en kwamen op deze manier in een leiderspositie.

Sommige managers extrapoleerden deze conclusies en begonnen oefeningen te maken waarbij ze veronderstelden dat hetzelfde kon gebeuren met de huidige core-producten. In dat geval kwam de overleving van de bedrijfscultuur in gevaar. Ze brachten het topmanagement op de hoogte van enkele worst-case scenario's.

Het topmanagement besloot om acties te ondernemen om het veranderingsvermogen te verhogen. Na zichzelf geïnformeerd te hebben over mogelijke strategieën om dit te realiseren nam ze het heft in eigen hand. Men ging resoluut voor een bedrijfscultuur die sneller dan de concurrentie productveranderingen kon doorvoeren. Een plaats bij de besten was de enige garantie om te kunnen overleven. Het leer- en veranderingsvermogen moest omhoog.

De HRM afdeling leek het best geschikt om dit cultuurveranderingsproces in goede banen te leiden. Zij ontwikkelde een opleidings- en communicatieplan dat snel en bedrijfsoverkoepelend werd uitgevoerd. Niemand kon het topmanagement verwijten dat ze haar verantwoordelijkheid niet had opgenomen.

Na verloop van tijd werd duidelijk dat de grootschalige opleiding en communicatie niet leidden tot het verhoopte resultaat. Ook de core-producten kwamen onder druk als een gevolg van nieuwe ontwikkelingen op de wereldmarkt.

Een paniekerig gevoel van machteloosheid nam de plaats in van het geruststellende patentgevoel. Medewerkers begonnen te vrezen voor hun werkzekerheid en de tegenstellingen in het management namen toe.

Het werd duidelijk dat er zich twee managementgroepen ontwikkelden. Aan de ene kant de technische managers en aan de andere kant de competence managers in spe.

Deze tweede groep begon te managen op een nieuwe en verfrissende manier. Een nieuw vakjargon deed haar intrede in de organisatie. De nieuwe generatie managers sprak in toenemende mate over shared vision, natuurlijke jobrotatie, kennismanagement, communities of practice, performance consulting, intellectual capital, technology based learning, virtuele teams, projectteams, inplacement, paradigma's, competence management, depolitisering, lerende organisatie,...

Dit nieuwe vakjargon gaf aanleiding tot een heleboel misverstanden en tegenstellingen. Voor de technische managers waren het modeverschijnselen, voor de competence managers waren het opportuniteiten om hun managementvaardigheden verder te ontwikkelden.

In het verdere verloop van de reis begrepen de beide groepen managers steeds minder van elkaar. De te sterke paradigma's van de technische managers lieten niet toe in te zien wat de nieuwe ontwikkelingen konden betekenen voor het bedrijf.

De HRM afdeling dreigde de rekening te betalen voor het groeiend aantal tegenstellingen. Langs de ene kant de roep voor meer controle en striktere procedures, en langs de andere kant de roep voor snellere doorstroom van personeel, andere manieren van opleiding en nieuwe HRM systemen.

De competence managers waren in toenemende mate op zoek naar flexibele HRM systemen die niet zorgden voor een bureaucratische overlast, maar inspeelden op het toenemend chaotisch karakter van werken en leren. Veel competence managers lieten de HRM afdeling voor wat ze was en gingen in toenemende mate op zoek naar systemen buiten het bedrijf. De logge personeelssystemen vielen als een pudding in elkaar.

Voor de HRM dienst werd het al snel duidelijk dat inspelen op beide managementstrekkingen een onbegonnen zaak was. Het topmanagement diende open kaart te spelen en zelf het voorbeeld te geven van wat zij verwachtten van het middenmanagement.

Als snel bleek dat de noodzakelijke kundigheden bij het topmanagement ontbraken om deze voorbeeldrol op te nemen. De kundigheden waren wel sporadisch aanwezig maar de kritische voorbeeldmassa was onvoldoende.

Een tussentijdse evaluatie van eerdere grootschalige inspanningen op het gebied van opleiding en communicatie leverde enkele ontnuchterende resultaten. Slechts een marginaal aantal managers had getracht om het geleerde om te zetten in de praktijk. Sommigen hadden hun pogingen opgegeven omdat ze gevangen zaten tussen technische managers en onmogelijk de nieuwe vaardigheden konden ontwikkelen.

Anderen hadden meer geluk omdat er voldoende competence managers aanwezig waren om de nieuwe ontwikkelingen een kans te geven. Het waren de managers die nu hopeloos op zoek waren naar nieuwe HRM systemen. Het waren ook de managers die op zoek waren naar informatie en flexibelere leermiddelen om hun vaardigheden in verband met competence management verder te ontwikkelen.

De grootste groep van managers gaf echter toe dat ze weinig hadden aangevangen met de georganiseerde opleidingen. Interviews brachten verder aan het licht dat deze managers niet echt geïnteresseerd waren in het managen van medewerkers maar meer uitdaging vonden in het oplossen van technische problemen. Ze vonden dat dit hun taak was en dat hun medewerkers hen moesten ondersteunen in dit proces. Hun grootste professionele levensverwachting lag op het technisch vlak, niet op het menselijk vlak. Hun leerspanning om de nieuwe vereiste management competenties te ontwikkelen was zeer laag, tot bijna onbestaande.

Dit open en vertrouwelijk onderzoek stelde de HRM afdeling voor een nieuw dilemma. Is het mogelijk deze technische managers op te leiden, of is het beter uit te kijken naar medewerkers die als levensverwachting een uitdaging vonden in het managen van de competenties van medewerkers.

Er was maar één conclusie mogelijk. Het technisch management diende plaats te ruimen voor de natuurlijke competence managers. Het moesten managers worden met een hoge leerspanning op het gebied van de nieuwe vereiste managementvaardigheden. De snelheid waarmee deze noodzakelijke omschakeling moest gebeuren nam elke dag toe. De concurrentie liet er immers geen gras over groeien, en maakte dankbaar gebruik van het lage veranderingsvermogen.

De HRM afdeling besefte dat ze snel en met de nodige kracht haar HRM systemen diende te veranderen. Alleen als ze zelf over voldoende veranderingsvermogen beschikte kon ze een sturende rol opnemen in dit veranderingsproces. De nood voor meer veranderingsvermogen, zoals aangevoeld door de organisatie, werd als een vallende domino doorgegeven aan de HRM afdeling.

Al snel bleek dat de nodige competentie ontbrak om dit proces succesvol te beëindigen. Zowel de vereiste kundigheden om nieuwe systemen te ontwikkelen als de bevoegdheden om ze te introduceren waren onvoldoende. De HRM afdeling had immers de status van een steunafdeling aan het management. Het was zeker geen afdeling die het doen en laten van het management kon beïnvloeden.

De enige persoon die de HRM dienst nieuwe bevoegdheden kon geven was de algemeen directeur. Hij besefte de uitdaging waarvoor het bedrijf stond en koos voor het geven van meer bevoegdheden aan de HRM afdeling. Dit was één van de meest cruciale beslissingsmomenten tijdens de reis naar meer veranderingsvermogen.

De eerste uitdaging was het stelselmatig vervangen van technische managers door competence managers. Dit gebeurde niet door harde ontslagen maar volgens de principes van de zogenaamde cast-it organisatie. Er werd met managers gesproken en gepeild naar hun levensverwachtingen. De grootste hinderpaal bij het muteren naar een juistere rol bleek de in de jaren opgebouwde status. Des te hoger in het organigram des te moeilijker werd het om alternatieve loopbanen aan te bieden.

Nochtans slaagde de HRM afdeling in dit opzet. Zij introduceerde systemen zoals 360° feedback en op het management afgestemde functioneringssystemen.

Tegelijkertijd ontwikkelde het HRM team een duidelijk visie op de rol van de nieuwe managementgeneratie in de bedrijfscultuur. Het was deze visie die gebruikt werd voor het afstemmen van bijvoorbeeld de 360° feedback tools en de nieuwe opleidingsprogramma's.

De competence managers gebruikten in toenemende mate de nieuwe HRM systemen. Ze verbruikten bijvoorbeeld de informatie die kwam via de 360° feedback instrumenten om hun vaardigheden doelgerichter te ontwikkelen. Hun leerspanning was zo groot dat ook dit soort van informatie hun leervermogen vergrootte. Dezelfde informatie in handen van technische managers was waardeloos.

Binnen de HRM afdeling ontstonden nieuwe rollen om te kunnen inspelen op de visie. De afdeling trok gemotiveerde acteurs aan om de ontbrekende kundigheden aan te vullen. De sturende rol van de HRM afdeling nam toe als gevolg van deze sterke competentieopbouw.

Ze kon het imago van een kostencenter afwerpen, en evolueren naar een afdeling die producten en diensten kon leveren waarvoor de bereidheid tot investeren toenam.

Het klassieke organigram van de organisatie kreeg als gevolg van de HRM cast-it processen een flinke deuk. Het veranderende in een bedrijfsoverkoepelend schaakbord dat continu werd aangepast in functie van de aanwezige en nodige competenties. De selectie van de managers gebeurde op basis van hun capaciteit voor professioneel competence management.

De organisatie groeide uit tot een snel bewegend, levend organisme. Projectteams, gemanaged door competence managers vormden er de organen van. Sommige hadden een zeer lange levensduur andere bleven slechts enkele weken bestaan. De HRM afdeling ondersteunde deze organisatie door Intranet applicaties te ontwikkelen die inspeelden op deze organisatievorm. Zo konden medewerkers niet alleen soepel inspelen op vacatures binnen de verschillende projectteams maar zichzelf eveneens beschikbaar stellen voor taken die hen interesseerden. Medewerkers evolueerden zelfs tot een soort van interne consultants. Hun competentieontwikkeling als een gevolg van het zeer dynamisch inspelen op hun professionele levensverwachtingen verraste iedereen.

De HRM afdeling werd geconfronteerd met nieuwe uitdagingen. Wat bijvoorbeeld te doen met medewerkers die zo opgingen in hun beroep dat ze het evenwicht verloren met bijvoorbeeld het gezin of hun vrije tijd. De boeiende rolverdeling binnen het bedrijf zoog hen als het ware aan.

De toename aan competence managers liet zich het snelst merken in een veranderend leergedrag binnen de organisatie. Het aantal medewerkers met een hoge leerspanning nam toe en de HRM afdeling moest haar beleid inzake vorming en opleiding volledig herzien.

Opleidingsverantwoordelijken werden geconfronteerd met een totaal andere manier van leren. Medewerkers waren meer en meer in staat om zelfstandig hun leerbehoeften te bepalen en op zoek te gaan naar de noodzakelijke informatie. Het rendement van het nieuwe leergedrag als een gevolg van de toegenomen leerspanning was enorm. De opleidingsdienst introduceerde nieuwe leervormen die inspeelden op dit dynamische en stimulerend leergedrag.

De grootste hindernis voor de opleidingsdienst was het gebrek aan kundigheden om nieuwe technologieën te gebruiken bij het hertekenen van de leerprocessen. Deze handicap overbrugden ze door medewerkers aan te trekken die een hoge leerspanning hadden voor organisatieontwikkeling en deze nieuwe technologieën.

Belangrijk in deze technologische evolutie was de rol en de ontwikkeling van kennismanagement als een nieuw leerproces in de organisatie.

Op een zeker moment tijdens de reis heeft de ontwikkeling van de nieuwe leerprocessen gezorgd voor een versnelling van de overgang naar competence management.

De hefboom voor dit gebeuren lag bij de medewerkers zelf. Bij teams gemanaged door competence managers was er als het ware vrij verkeer van informatie. Zo kregen de medewerkers bijvoorbeeld vrije toegang tot internet en ruime bevoegdheid inzake hun opleiding. Het was de gemeenschappelijke visie en de juiste rolbezetting die de basis vormde voor dit principe van self-learning.

Medewerkers in andere teams die gemanaged werden door technische managers werden zich ervan bewust dat ze veel minder de kans kregen om hun kundigheden te ontwikkelen. De spanningen die hierdoor in het team ontstonden werden een extra belasting voor de technische managers. Voor veel managers was dit de uiteindelijke druppel die de stress-emmer liet overlopen. Sommigen zijn dan ook bijna fysisch tot de vaststelling gekomen dat ze onmogelijk de rol van competence manager konden invullen.

Op dit moment zorgt een continue stroom van veranderingen voor de noodzakelijke verbeteringen aan producten, diensten en bedrijfsprocessen. Niet alleen de kwaliteitsafdeling, de HRM afdeling en de financiële dienst hebben hun nieuwe rol in de organisatie gevonden. Ook de andere afdelingen zijn gewend geraakt aan het gevoel van chaos. Het zijn de competence managers die, door hun leiderschap, hun cast-coaching, hun info-coaching en hun investeringen, ervoor zorgen dat de bedrijfscultuur op koers blijft.

Er wordt ook niet meer gesproken over bijvoorbeeld self-directed teams of technisch management. Iedereen beseft nu dat professioneel competence management onmisbaar is als het bedrijf een rol wil spelen op snel veranderende markten.

2 Re-reengineering

De management paradox

Het management is verantwoordelijk voor het overleven van de bedrijfscultuur, maar bezit als technisch management niet de competenties om de chaotische reis van technisch management naar competence management aan te vatten. Ze hebben een te lage leerspanning om hun nieuwe rol in te vullen, zijn onvoldoende leerkundig en besteden te weinig middelen aan de noodzakelijke cultuurverandering naar competence management.

De oorzaak van deze paradox dient voornamelijk gezocht te worden in het niet zien van de noodzaak voor managementverandering of de overlevingsdrang van een generatie technische managers die de omschakeling niet willen of kunnen waarmaken. Dit laatste maakt dat managers alle oplossingen wensen te bekijken zolang ze zelf geen deel hoeven uit te maken van de oplossing.

Deze patstelling hindert veel bedrijven en organisaties in hun streven naar betere producten en diensten. Enkel als deze paradox wordt doorbroken kan gestart worden met de boeiende en uitdagende reis.

De erfenis van een mislukte reengineering

Het woord 'reengineering' heeft een zeer geladen betekenis. Veel medewerkers zien hierachter, en terecht, de kille gedrevenheid van een technisch management om bedrijven te laten overleven. Het is deze, soms absurde, gedrevenheid die veel bedrijven nog dieper de modder heeft ingeduwd. Korte termijn overwinningen blijken nu lange termijn hypotheken voor de competente organisatie. Het zijn deze soms kortzichtige ingrepen die het technisch management buist op een aantal hoofdvakken.

Afschrijven van competente human resources

Reorganisatie en herstructurering onder het vaandel van reengineering, waren synoniemen voor ontslag en brugpensioen. Er werd hierbij niet gekeken naar de competenties van medewerkers. Algemene richtlijnen en procedures zorgden ervoor dat deze ingrepen konden doorgaan zonder rekening te houden met de zogenaamde 'kennis-drain'. Het verlies aan kundigheden door competente medewerkers aan de deur te zetten. Dit is de eerste buis op een hoofdvak.

Vastzetten van de organisatie door informatisering

Reengineering is ook synoniem voor een wereldwijde inspanning op het gebied van informatisering. Bijna alle bedrijven zijn op de één of andere manier bezig met het informatiseren van bedrijfsprocessen. De vraag die menig bedrijf zich echter begint te stellen is: "Waarom?". De kostprijs daalt niet altijd, medewerkers zijn niet gemotiveerd om de systemen te gebruiken, en flexibel aanpassen is fictie. In plaats van de beoogde kostenbesparing heeft men ervoor gezorgd dat de bestaande processen vastgevroren werden in software programma's en procedures. De grote overwinnaars zijn meestal de IT leveranciers en bedrijfsconsultants, niet het eigen bedrijf. De tweede buis op een hoofdvak is een feit.

Overdreven kostenbesparing

Een ander luik van mis-reengineering is de gedrevenheid waarmee gestreefd werd naar kostenbesparing. De gedrevenheid was soms zo groot dat er geen middelen werden uitgetrokken voor de echt nodige veranderingsprocessen. De veranderingen die gevraagd werden door de te kleine groep aan competence managers of competente medewerkers. Dit reengineeringgedrag geeft aanleiding voor een derde buis op een hoofdvak.

Verspilling van opleidingsbudgetten

Teveel medewerkers met een te lage leerspanning werden verplicht of konden vrijwillig deelnemen aan opleidingen zonder dat dit resulteerde in de ontwikkeling van nieuwe kennis, gedrag of vaardigheden. Het technisch management benaderde opleiding als een schools gebeuren. Te weinig aandacht werd gegeven aan de noodzaak voor de opleiding, de noodzakelijke leerspanning en de omgeving waarin het geleerde kon worden toegepast. Dit is een buis op het vierde hoofdvak.

Verspilling van human resources

Door onvoldoende in te spelen op de verwachtingen van medewerkers wordt er inefficiënt gebruik gemaakt van de menselijke middelen die in het bedrijf aanwezig zijn. Medewerkers zitten te dikwijls opgesloten binnen de muren van hun afdeling en krijgen daardoor onvoldoende mogelijkheden om zichzelf te ontwikkelen. Het management buist hier weer op een hoofdvak.

Bovenstaande lijst is slechts een greep uit de worst-practices die een management dat dacht en handelde volgens de paradigma's van technisch management doorvoerde.

Succesvolle re-reengineering

De onvermijdelijke vraag die we ons moeten stellen is: "Geven we het technisch management een tweede kans door middel van een herexamen? Of verplichten we het technisch management om een andere studierichting te kiezen?".

Deze vraag is fundamenteel willen we beginnen met re-reenginering. Het herdoen van de reengineering. Maar nu op de goede manier, de competente manier.

De sleutel tot een succesvolle re-reenginering van een bedrijfscultuur is het introduceren van drie opéénvolgende veranderingsprocessen. Sla één van de veranderingsprocessen over en je maximaal bereikbare veranderingsvermogen vermindert.

Veranderingsproces 1: Ontwikkeling van competence management

Het starten van dit veranderingsproces is het moeilijkste. De verantwoordelijken dienen niet alleen te beschikken over de juiste kundigheden maar ook over de vereiste bevoegdheden. Zonder deze bevoegdheden is verandering van de managementstijl bijna onmogelijk.

Op dit moment is er in de meeste organisaties geen afdeling die de bevoegdheid heeft om in te grijpen in het management wanneer een natuurlijke evolutie naar competence management te lang op zich laat wachten.

De HRM afdeling lijkt hiervoor het meest geschikt, maar door haar dienstverlenende rol aan het management is ze te dikwijls een deel van het probleem. De kundigheden en bevoegdheden zijn afgestemd op de verwachtingen van een technisch management. Niet op de verwachtingen van een competence management.

Veranderingsproces 2: Ontwikkeling van competente medewerkers

De verantwoordelijkheid voor deze verandering ligt bij het competence management, en dit met de steun van de HRM afdelingen.

We moeten het denkkader van het technische management dat gelooft dat je een gehele organisatie op een planmatige manier kan veranderen, verlaten. De ontwikkeling van competente medewerkers zal zeer chaotisch gebeuren omdat teveel parameters een invloed hebben op dit proces. De snelheid van dit proces zal echter rechtevenredig zijn met de ontwikkelingsnelheid van de verschillende competence managers en de afgestemde dienstverlening door de HRM afdelingen.

Veranderingsproces 3: Ontwikkeling van competitieve producten en diensten

Nadat competence management is geïnstalleerd als de dominante managementstijl, en nadat de competence managers beschikken over een voldoende aantal competente medewerkers, kunnen we starten met het echte duurzame veranderingsproces. De verandering van producten en diensten.

Het Corporate Change Agency

Als de sleutel voor meer veranderingsvermogen te vinden is in de verandering naar competence management, dan speelt het topmanagement hierin letterlijk en figuurlijk een sleutelrol.

Enkel zij kunnen de startsleutel omdraaien. Niemand binnen de organisatie heeft deze bevoegdheid omdat de te nemen acties een direct gevolg hebben op het management van de organisatie, en dit is de verantwoordelijkheid van het topmanagement. De snelheid waarmee de sleutel wordt omgedraaid bepaalt zeer dikwijls het lot van organisaties.

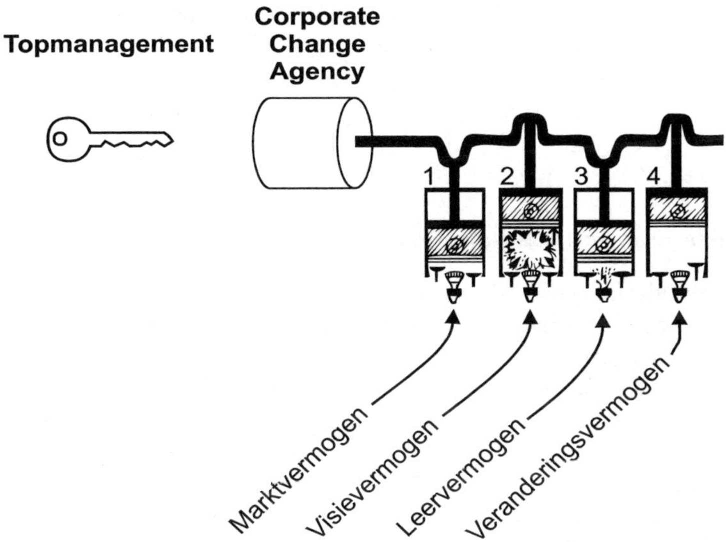

Net zoals bij een automotor is het voorzien van een startsleutel niet voldoende. Een motor start pas als je gebruik maakt van een startmotor. Dit is een elektrische motor die voldoende vermogen bezit om de benzinemotor in beweging te krijgen. Eens dat de benzinemotor voldoende snelheid heeft, kan hij op eigen kracht de gestarte beweging verder zetten.

Ook voor de ontwikkelingsmotor van bedrijven kunnen we gebruik maken van deze metafoor. Het topmanagement is verantwoordelijk voor het omdraaien van de startsleutel, maar moet eveneens zorgen voor voldoende startvermogen. Zonder dit vermogen start de verandering van technisch naar competence management niet. Het intrinsieke veranderingsvermogen van bedrijven met een technisch management is hiervoor te klein.

We pleiten dan ook voor het oprichten van een corporate change agency dat de rol van startmotor kan invullen. Zijn taak bestaat uit twee delen:

- het opzetten van processen die de evolutie naar competence management waarborgen;
- het reengineren van de HRM afdeling, met als doel ondersteunende HR diensten te leveren voor een competente organisatie. De HRM afdeling moet een competente partner worden in de realisatie van de bedrijfsvisie.

Eens dit gerealiseerd, is de kans groot dat de ontwikkelingsmotor van het bedrijf op gang komt. Een motor aangedreven door visievermogen, leervermogen en veranderingsvermogen. Het is een motor die niet blokkeert omdat het marktvermogen te groot wordt. Zowel de startmotor als de grootte van de andere, eigen vermogens zorgen ervoor dat dit niet kan gebeuren.

Waarborgen van competence management

Twee prioritaire acties dringen zich op:

- een kritische massa aan potentiële competence managers in het zadel krijgen.
  Dit vraagt vooreerst een goed inzicht in de noodzakelijk competenties voor competence management en het screenen van alle managers in functie van de vereiste kwalificaties. Ook het topmanagement.
  Zorg ervoor dat je de te technische managers brengt naar rollen die hen beter liggen. Let hierbij op hun leerspanning en professionele levensverwachtingen;
- zorgen voor de continue ontwikkeling van competence managers.
  Dit vraagt het hertekenen van de leermogelijkheden voor managers en het installeren van een management-evaluatiesysteem. Dit laatste moet zorgen voor de noodzakelijke bijsturing en opvolging.
  Maak gebruik van leerprocessen die inspelen op de nieuwe managementgeneratie met een hoge leerspanning voor competence management.

Het waarborgen van competence management laat je beter samenlopen met de reengineering van de HR diensten. Dit maakt het mogelijk dat je reeds gebruik kan maken van de HR diensten tijdens het waarborgen van competence management.

Reengineering van de HRM afdeling

Het is belangrijk dat de HRM afdeling evolueert naar een afdeling die de competente organisatie kan ondersteunen. Dit betekent processen en diensten ontwikkelen voor de intuïtieve organisatie, de cast-it organisatie, de irrigerende organisatie en de chaotische organisatie.

Zowel competence managers als competente medewerkers zijn de doelgroep voor de nieuwe processen en diensten. Beiden zijn de human resources van een bedrijfscultuur. Alleen zitten ze in een andere rol.

- Voorzie diensten die inspelen op het realiseren van een gemeenschappelijke visie. Maak de visie niet alleen zichtbaar voor iedereen, maar zorg ook voor nieuwe leermogelijkheden in verband met visie- en de strategievorming. De visie van de organisatie en van elk team in de organisatie dient zichtbaar te zijn voor elke medewerker in de organisatie.
- Zorg ervoor dat medewerkers kunnen evolueren naar hun juiste rol. Zorg voor flexibele systemen die inspelen op de noden van een projectorganisatie.
- Installeer leerprocessen die tegemoet komen aan de leerbehoeften van human resources met een hoge leerspanning. Zorg voor de ontwikkeling van de leerkundigheid en tracht een inzicht te krijgen in het leergedrag van de organisatie. Dit laatste is een goede barometer voor de lerende organisatie. Maak hierbij op een creatieve manier gebruik van technologische hulpmiddelen om informatiestromen op een natuurlijke manier te doen vloeien.
- Maak veranderingen zichtbaar voor iedereen. Op deze manier laat je de veranderingen het voorbeeld zijn voor anderen. Door de best practices aan te duiden, geef je aan welke veranderingen het best bijdragen tot het realiseren van de gemeenschappelijke visie. Het geeft een indicatie van het veranderingsvermogen van het bedrijf.
- Voorzie waarderingssystemen die medewerkers, managers en teams waarderen in functie van hun bijdrage aan het veranderingsproces en de visierealisatie. Hou hierbij rekening met hun totale pakket aan levensverwachtingen, niet alleen de professionele.

3 Best practices

We willen nogmaals wijzen op het universeel karakter van Jeff's Law® voor veranderingsprocessen.

$$F_{HR} \cdot v_{HR} = \eta \cdot (LS \cdot IS)$$

Deze wetmatigheid gaat op voor zowel de veranderingen aan producten en diensten, als voor de noodzakelijke interne veranderingen om een bedrijf van technisch management naar competence management te brengen.

Het is onmogelijk om in dit boek een volledige lijst te geven van de noodzakelijke veranderingen. Het zijn immers de leerspanning van mensen, hun leerkundigheid, het verbruik van informatie en de beschikbare middelen die deze bepalen. Het opsommen van best practices die enkel gebaseerd zouden zijn op onze ervaringen zou een grove tekortkoming zijn in de ogen van al diegenen die elke dag bijdragen aan het veranderen van hun bedrijfscultuur.

De reis van technisch management naar competence management kan tenslotte op duizend en één manieren gebeuren. Het is aan de lezer om het hier aangeboden paradigma of denkkader om te zetten in veranderingen.

Het gebruik van het mentale kompas maakt de reis niet minder avontuurlijk. Het geeft enkel een bijkomende garantie om de eindbestemming te bereiken. Als organisatieontwikkelaars dienen we hierbij op zoek te gaan naar havens waar we onze best practices kunnen uitwisselen. Misschien is dit een idee voor een volgend boek.

EN HIER GAAN
WE DE MOTOR
EEN BEETJE
STILLEGGEN

9

Bijlagen

Jeff's Law®

$$F_{HR} \cdot V_{HR} = \eta \cdot (LS \cdot IS)$$

F_{HR}	de **kracht** (force) waarmee de Human Resources veranderingen introduceren
v_{HR}	de **snelheid** (velocity) waarmee de veranderingen worden doorgevoerd
$F_{HR} \cdot v_{HR}$	het **veranderingsvermogen** van de human resources
LS	de **leerspanning** van de human resources
IS	de **informatiestroom** verbruikt door de human resources
LS . IS	het **leervermogen** van de human resources
η	het **leerrendement** (omzetting van leervermogen naar veranderingsvermogen)

Het kompas met de 5 richtingen

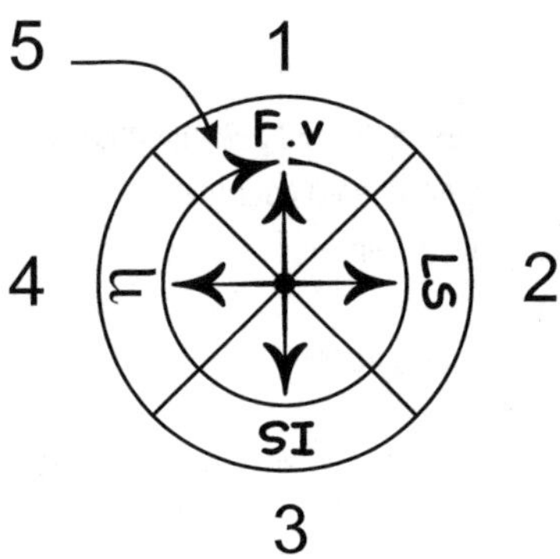

Eerste richting
'Self-leadership' bij de medewerker
De 'Leider' in de competence manager
De 'Intuïtieve' organisatie

Tweede richting
'Self-casting' bij de medewerker
De 'Cast-coach' in de competence manager
De 'Cast-it' organisatie

Derde richting
'Self-informing' bij de medewerker
De 'Info-coach' in de competence manager
De 'Irrigerende' organisatie

Vierde richting
'Self-empowerment' bij de medewerker
De 'Investor' in de competence manager
De 'Chaotische' organisatie

Vijfde richting
De 'Competente' medewerker
De 'Competence' manager
De 'Competente' organisatie

Begrippen

bedrijfscultuur: verzameling van middelen met als doel iets te produceren; bedrijven hebben geen cultuur maar zijn een cultuur; managers zijn eindverantwoordelijk voor het ontstaan en overleven van bedrijfsculturen.

cast-coach: duidt op één van de vaardigheden van de competence manager; de cast-coach verzorgt de rolbezetting in een team of de organisatie; hij stimuleert natuurlijke jobrotatie waarbij gestreefd wordt naar maximale leerspanning.

cast-it organisatie: een organisatie die erin slaagt om medewerkers te benaderen als post-it's; medewerkers kunnen van rol veranderen zonder kans op beschadiging; min-presteren wordt eerst benaderd als een mogelijke mis-casting.

chaotische organisatie: een organisatie die gekenmerkt wordt door een chaotisch lijkende hoeveelheid aan veranderingen; de veranderingen richten zich naar het realiseren van de corporate shared vision.

collectieve intuïtie: als team de vaardigheid bezitten om, gebaseerd op ieders intuïtie, de juiste beslissingen te nemen; deze vaardigheid helpt teams en organisaties om een visie te ontwikkelen.

communities of practice: netwerken van mensen die vanuit eenzelfde interessegebied informatie uitwisselen; deze communities zijn hefbomen voor het leervermogen van elke deelnemer in het netwerk.

company shared vision: visie op de toekomst die ondersteund wordt door alle teams en alle medewerkers.

competence manager: manager die er op een professionele manier in slaagt om de vaardigheden van de leider, de cast-coach, de info-coach en de investor te beheersen.

competent: iemand is competent als hij de vereiste kundigheden bezit en bevoegd is om deze te gebruiken.

competente organisatie: een organisatie die gemanaged wordt door competence managers; een organisatie die beschikt over HRM systemen en processen die competence managers en competente medewerkers ondersteunen; een organisatie die de eigenschappen bezit van een intuïtieve, een cast-it, een irrigerende en een chaotische organisatie.

competitie: reeks van wedstrijden waar iedere deelnemer tegen alle andere uitkomt; je kan enkel blijven deelnemen als je competenter blijft dan je tegenspeler.

corporate change agency: een team dat de competentie bezit om de management-paradox te doorbreken; focusseert zich op het waarborgen van competence management en de reengineering van de HRM afdeling.

dynamisch vermogen: vermogen om iets te veranderen; gelijk aan het product van de snelheid en de kracht waarmee de veranderingen worden doorgevoerd.

hert: virtueel orgaan dat de drijvende kracht vormt achter ons bestaan; naamwoord ontstaan uit het samenvoegen van hersenen en hart; is verantwoordelijk voor onze leerspanning.

info-coach: duidt op één van de vaardigheden van de competence manager; ontwikkelt de informatiestromen en de leerkundigheid in een organisatie.

informatiestroom: immateriële grondstof die gebruikt wordt voor het ontwikkelen van kennis, vaardigheden en gedrag.

intuïtie: vaardigheid om de juiste beslissingen te nemen op basis van onvoldoende informatie.

intuïtieve organisatie: een organisatie die op een intuïtieve manier haar visie op de toekomst ontwikkelt; moet niet alles in feiten en cijfers hebben, zorgt zelf voor de feiten en de cijfers.

investor: duidt op één van de vaardigheden van de competence manager; ontwikkelt de informatiestromen en de leerkundigheid in een organisatie.

irrigerende organisatie: een organisatie waar medewerkers leerkundig zijn en vrije toegang hebben tot informatiebronnen.

i-team: medewerkers worden gemanaged door een technisch manager; elke medewerker wordt individueel opgevolgd; het puntje op de i staat voor de korte maar formele afstand tussen medewerkers en manager.

Jeff's Law®: een wetmatigheid die het veranderingsvermogen van bedrijven of medewerkers weergeeft.

kompas met vijf richtingen: een instrument dat gebruikt kan worden om de richting te vinden waarin medewerkers, managers en organisaties zichzelf dienen te ontwikkelen om hun veranderingsvermogen te vergroten; gebaseerd op Jeff's Law®

kundigheden: rijkdom aan kennis, vaardigheden en gedrag waarover iemand beschikt.

leerkundigheid: vaardigheid van mensen om informatie te vinden en te verbruiken; mensen vergroten hun leervermogen als ze hun leerkundigheid ontwikkelen.

leerrendement: de efficiëntie waarmee leervermogen wordt omgezet in veranderingsvermogen; de grootte van het leerrendement wordt mede bepaald door de materiële investeringen.

leerritme: de frequentie waarmee mensen informatie verbruiken om nieuwe kennis, vaardigheden en gedrag te ontwikkelen; mensen met een hoge leerspanning hebben een hoog leerritme.

leerspanning: een bijna fysische spanning op onze hersenen; hoe groter de spanning, hoe groter de hunker naar informatie.

leervermogen: vermogen van mensen om hun kundigheden te ontwikkelen; de grootte wordt bepaald door de grootte van de leerspanning, de leerkundigheid en de beschikbaarheid van informatie.

leider: duidt op één van de vaardigheden van de competence manager; is de sturende kracht achter de gemeenschappelijk visie.

lerende organisatie: een competente organisatie die door middel van haar leervermogen en veranderingsvermogen in staat is om haar eigen toekomst te bepalen.

levenskundige reactie: een onverklaarbare reactie tussen onze kennis, vaardigheden en gedrag. Op dat moment gaan we niet enkel automatismen of paradigma's opbouwen om te overleven, maar beginnen we eveneens te dromen over de toekomst.

levensverwachtingen: onze verwachtingen voor het leven; onze zelfgestelde levensdoelen; mensen met uitdagende levensverwachtingen beschikken over een gezond hert.

l-team: medewerkers worden gemanaged door een technisch manager; de manager maakt niet echt deel uit van het team; door teamdoelstellingen wordt het veranderingsvermogen van het team verhoogd; de 'l' duidt op de grotere afstand tussen team en manager.

management-paradox: het dilemma waarvoor technische managers geplaatst worden om de bedrijfscultuur te laten evolueren naar competence management omdat dit hun eigen voortbestaan in gevaar brengt.

marktvermogen: de kracht en de snelheid waarmee producten en diensten in een bepaalde markt veranderen; bedrijven die in competitie zijn op een zelfde markt worden vergeleken op basis van hun marktvermogen.
natuurlijke informatiestroom: de informatiestroom die stroomt als een gevolg van het leervermogen van mensen met een hoge leerspanning.
natuurlijke jobrotatie: mensen met een hoge leerspanning zijn steeds op zoek naar rollen die tegemoet komen aan hun levensverwachtingen. Dit resulteert in een natuurlijke jobrotatie. De jobrotatie komt tot stand op een ongedwongen, natuurlijke manier.
neuron: basisbouwsteen van de hersenen.
o-team: medewerkers worden gemanaged door een competence manager; de manager maakt deel uit van het team; de 'o' duidt op de versmelting van manager met medewerkers.
overleveringsgericht leren: mensen leren om levenverwachtingen te realiseren; het leervermogen wordt gebruikt om veranderingen te realiseren die kunnen worden overgeleverd aan anderen.
overlevingsgericht leren: het leren wordt gedomineerd door de wil om te overleven in een bepaalde omgeving.
paradigma: tijdens het leerproces worden denkkaders ontwikkeld die zo sterk zijn dat ze ons zicht op onze omgeving beïnvloeden; te sterke paradigma's houden ons onbewust incompetent.
paradigmadoorbrekend: het vermogen bezitten om te breken met bepaalde paradigma's; mensen die paradigmadoorbrekend denken stellen hun eigen denkkaders in vraag;
reengineering: het herdenken van de werking van een bedrijfscultuur met als doelstelling het verhogen van de competentie; reengineering is gestart met de beste bedoelingen maar de paradigma's van het technisch management hebben ervoor gezorgd dat de doelstellingen niet werden bereikt.
re-reengineering: herdoen van de reengineering; eerst zorgen voor competence management, dan voor competente medewerkers en dan voor competente producten en diensten.
self-casting: het zelf op zoek gaan naar de juiste rol; mensen gedreven door een overleveringsdrang, zorgen ervoor dat ze kunnen evolueren naar een rol waarin ze hun levensverwachtingen kunnen realiseren.
self-empowerment: het zelf investeren in levensverwachtingen; mensen met meerdere levensverwachtingen slagen erin om de beschikbare middelen op een gezonde manier te verdelen over de verschillende verwachtingen.

self-informing: zichzelf informeren; leren leren ontwikkelt de leerkundigheid en daardoor de mogelijkheid om zichzelf te informeren.

self-leadership: de mogelijkheid om voor zichzelf een toekomst uit te stippelen; mensen met een hoge mate aan self-leadership hebben een grote drang tot creatie.

symbiotische organisatie: een organisatievorm waarbij gestreefd wordt naar een win-win situatie voor alle partijen; vertrekkende vanuit Jeff's Law® is er enerzijds een samenwerkingsverband om samen iets te creëren en anderzijds een verband om samen te leren.

technisch management: een managementstijl die gebaseerd is op technische kennis; de manager bezit de technische competentie en vanuit deze competentie managet hij zijn medewerkers; is een stijl die efficiënt en effectief kan zijn, maar in omgevingen die gekenmerkt worden door snelle veranderingen en kennisontwikkeling tekort schiet.

veranderingsvermogen: het vermogen om met een bepaalde snelheid en kracht veranderingen te introduceren; bedrijven of medewerkers met een hoog veranderingsvermogen slagen erin om continu nieuwe of veranderende producten en diensten op de markt te brengen.

visie: is een intuïtief, paradigmadoorbrekend mentaal beeld van een gewenste toekomst.

visievermogen: mensen met een groot visievermogen hebben voldoende intuïtie en mentale 'kracht' om continu hun visie op de toekomst aan te passen.

zichtvermogen: het vermogen dat het je mogelijk maakt om je omgeving paradigmadoorbrekend waar te nemen.

Referenties

Tony Buzan: pionier op het gebied van Mind Mapping en hersenwerking. Mind Mapping is een techniek die de visuele manier om ideeën op papier te zetten ondersteunt. De techniek stimuleert creatief denken en systeemdenken. Het is een leerkundigheid die het leervermogen verhoogt en die onmisbaar was bij het geven van mijn lezingen en het schrijven van dit boek.

Buzan, T. (1985). Gebruik je verstand. Mingus BV, Baarn

Buzan, T. (1995). The MindMap book. BBC Books, London

Joel Barker: heeft een aantal videopresentaties geproduceerd onder de titel: "Paradigma's en de toekomst - Discovering the Future". Een aanrader voor iedereen die zich bewust wil worden over de impact van paradigma's, de kracht van een visie en de uitdaging van het pionieren.

De video's worden in België en Nederland verdeeld door TFC.

Ikujiro Nonaka: soms moet je blijven stilstaan bij de eenvoud van modellen die mensen aanreiken. Het worden als het ware rustpunten in een snelveranderende wereld. Ikujiro Nonaka was voor mij één van die mensen. Zijn model gaf me de nodige informatie om bijvoorbeeld het concept van leerkundigheid verder uit te werken.

Nonaka, I., Takeuchi, H., (1997). De kenniscreërende onderneming. Scriptum, Schiedam

Margareth J. Wheatley: voor je begint met kennismanagement, en kennis of informatie gaat benaderen als een beheersbaar iets, moet je haar boek lezen. Het is een oogopener op het gebied van management van bedrijven. Haar uitspraak: "als managementpraktijk ooit tot een eenvoudig basisprincipe terug te brengen valt, zal dat volgens mij gevonden worden in het principe van zelfbetrokkenheid" zal me steeds bijblijven.

Het is een bevestiging van Jeff's Law® waarin levensverwachtingen en leerspanning op een eenvoudige manier centraal worden geplaatst. Wheatley, J.M. (1995). Leiderschap en de nieuwe fysica. Contact, Amsterdam/Antwerpen

Peter M. Senge: werken aan de lerende organisatie kan pas als je op de hoogte bent van zijn inzichten in de lerende organisatie. Zijn boek is een aanrader voor iedereen die betrokken is bij organisatieontwikkeling, voor elke manager en voor elke medewerker die op zoek is naar zijn juiste rol. Senge, P.M., (1992). De vijfde discipline. Scriptum, Schiedam

Internet: you name it ...